# 신사는 Y담을 좋아하고 숙녀는 X담을 사랑한다

### 이 정 빈 편저

지 성 문 화 사

# 현대인의 웃음불감증 해소에 보탬이 되길

"하느님께서 아담이 잠든 틈에 몰래 갈비뼈를 취해 이브를 만든 까닭을 알고 있나?"

"……?"

"허허, 이 기자는 아직 쑥맥이군 그래? 그건 남자들에게 교훈을 주기 위해서야."

"교훈이라니요?"

"여자들에게는 미안한 말이지만, 훔친 물건치곤 변변한 것은 없다는 교훈이지. 그럼, 여자들이 걸을 때 왜 엉덩이가 실룩실룩 흔들리는지를 아나?"

"……?"

"그건, 추가 없기 때문이지. 핫하하하……."

필자가 기자 초년생 시절에 만났던 K교수의 유머였다.

학계에서 명망 높고, 활발한 저술활동으로 한창 필명이 드높았던 K교수를 직접 대면한 것은 그때가 처음이었다. 햇병아리 기자가 평소 우러러 존경하던 K교수를 취재차 만났다는 사실에 나는 평상심을 잃고 안절부절 못하고 있었다. 그때 K교수가 그런 유머를 내게 던진 것이었다.

그런 우스갯소리가 마치 거짓말처럼 나의 긴장된 마음을 일순간에 풀어 주었다. 근엄하리라고만 믿고 있었는데, 입을 열기만하면, 구구 절절이 옳은 공자왈 맹자왈이 흘러나올줄 알았었는데 정말 뜻밖이었다.

　그후 필자는 밥벌이 펜잡이를 하는 동안에 수많은 명사들을 공적 사적으로 만났다. 특이한 점은 대부분의 명사들이 유머를 알고─걸쭉하고 질퍽한 육담(肉談)─또 그것을 화술에 적절하게 활용하고 있다는 것이었다.

　필자는 체험으로 유머의 효능을 알았다. 유머는 그 무엇보다도 더 친화작용을 한다는 사실을……. 초대면의 서먹한 사이에서도 멋드러진 Y담 한 마디가 거리감을 없애고 친밀감을 더하는 것이다.

　여기에 그동안 필자가 재미있게 듣고 읽었던 Y담과 X담을 모아 시대에 맞도록 재구성을 했다. 또 이야기 끝마다 관련된 명언·명구들을 붙여 철학적 사색을 하도록 했으며, 책의 중간 중간에 실제의 성생활에 도움이 되는 정보들을 그림과 함께 별면으로 처리했다. 후식 삼아 유익한 정보도 얻으라는 배려에서이다.

　이 책이 현대인의 웃음불감증을 해소하는데 크게 보탬이 되기를 바라마지 않는다.

# 차례

신사는 Y담을 좋아하고

## 제1장 세상에 이런 일도 있습니다

# 차례

## 제2장 첫날밤 이야기

**男子 hunting point**

# 차례

신사는 Y담을 좋아하고

**제3장** 어쩐지 이상했어

**정력비방 point**

## 제4장 혼혈녀

# 차례

## 제5장 다리 셋, 입 둘 머리 둘?

제1장

# 세상에
# 이런 일도 있습디다

쾌락을 사랑하는 자는 쾌락으로 멸망한다. −말로−
대부분의 여자들은 화장한 얼굴만큼 그렇게
젊지 않다. −비어봄−  여인의 보조개는 한 나라를 위태
롭게 한다. −영국 속담−

# 1001
# 당신 같으면……

동물원을 산책하던 미모의 젊은 여인, 원숭이 울 앞에서 걸음을 멈추더니 원숭이가 한 마리도 없는 것을 이상히 여겨 관리인에게 물었다.

"원숭이들은 어디 있죠?"

"뒤에 있는 굴속에 있어요. 요즘 발정기라서요."

"제가 땅콩을 던져주면 혹시 밖으로 나올까요?"

그 말에 관리인은 머리를 긁적이며 이렇게 말했다.

"글쎄, 잘 모르겠어요. 당신 같으면 나오겠어요?"

비지니스는 섹스와 비슷하다. 좋을 때에는 굉장히 좋고, 그렇게 좋지 않을 때도 그런대로 괜찮다. —카토나—

1002

# 잘못 걸렸군

룸싸롱의 얼굴 마담 영자가 손님에게 굉장히 인기가 있는 호스테스 순자에게 다가와서 귓속말을 했다.

"미스 리, 손님 받지 않겠어? 굉장히 돈 많은 손님인 것 같던데……."

순자는 단골손님이 아니라는 것이 마음에 걸려 눈만 깜박거리고 생각에 잠겼다가 마담에게 묻는다.

"얼마 준대요?"

"놀라지 마, 무려 500만원이래! 어때, 괜찮지?"

"어머! 정말이예요?"

"정말이고 말고."

"하룻밤 화대를 500만원이나 주겠다니……. 혹시 뭐 이상한 짓이라도 시키는 게 아녜요?"

"글쎄? 별로 신경 쓸 건 없지만 여자를 때리는 게 결점이래."

얼굴 마담 영자가 고개를 갸웃하며 하는 말이었다. 그 말에 순자도 고개를 끄덕거린다.

"뭐, 그 정도라면 웃으면서 당하겠어요. 하룻밤 풋사랑에 거금 500만원이 들어오는 마당인데."

"자, 그럼 오늘 밤 10시야!"

"알았어요."

이윽고 순자가 요란스레 엉덩이를 흔들며 나가는 뒷모습을 한참 바라보다가 옆에서 부러워하는 호스테스에게로 고개를 돌렸다.

"순자도 참 가엾게 됐어, 그 일을 알면 얼마나 실망할까?"

"아니, 왜요?"

"그놈의 소문도 못들었어! 글쎄 그놈은 한 번 하고나서 여자가 500만원을 도로 내놓을 때까지 사정 없이 때린다는구나. 참 안 됐지, 그지?"

\*

\*

인간의 삶에서 위대하고 신비로운 원동력이 되는 섹스는 여러 연령층을 통해 논의의 여지 없이 인류에게 흥미 진진한 관심거리가 되어 왔다. ―브렌난(미국대법원 판사)―

1003

# 입이 둘 달린 괴물

무더운 여름날 아침, 개구쟁이 아들 녀석이 겁을 집어먹은 얼굴로 뛰어들며 크게 소리쳤다.

"아빠, 언젠가 머리털 속에 또 하나의 입을 가진 괴물 이야기를 해준 적이 있었지?"

"아, 입이 둘 달린 여자 괴물 말이지?"

"응."

"그런데 왜 묻니?"

"나, 어젯밤 잠자다가 봤단 말야."

"어디서?"

"바로 내 옆에서 자고 있었어, 거짓말이 아냐. 잠결에 봤지만 틀림없이 머리털 속에 입이 있었어."

아버지는 잠시 생각에 잠기다가 낮은 소리로 중얼거렸다.

"여편네가 단정치 못하게 또 팬티를 입지 않고 잤던 게로군."

# 열두 바퀴째 도는 심정

1004

영필이 부부는 몹시 가난했지만 금슬은 좋았다. 가난한 살림에 부부 금슬이 좋으면 생기는 것은 아이뿐이라던가!

해도 거르지 않고, 마치 비온 후 무우를 쑥쑥 뽑듯, 10년을 내리 낳다보니 단칸방 신세는 면하지 못했으면서도 아이는 열 명이나 되었다.

그러다 보니 밤이면 단칸방에 전가족이 일렬로 누워 잠을 청할 수밖에 없었다. 그러자니 이들 부부는 본의 아니게 좌우의 가장자리에서 자게되고 아이들은 그 가운데 나이 순서대로 누워야 했다.

이들 부부, 아직은 원기 왕성한 40대 초반이 아니던가. 서로서로 아끼고 사랑해주고 싶은 마음을 밤이면 밤마다 어찌 참아낼 수 있단 말인가.

나누지 못하는 애틋한 사랑에 고민하던 영필이가 하루는 한가지 묘안을 찾아내어 아내에게 속삭였다.

"아이들이 잠든 듯 싶으면 헛기침을 두 번 하겠소. 그러면 임자는 헛기침 한 번으로 신호를 보내시오."

불감청이언정 고소원이라. 아내 또한 차마 말은 못했지만 그 얼마나 소원하던 일이던가. 아내는 살며시 웃으며 고개를 끄덕였다.

드디어 밤이 깊었다. 아이들의 코고는 소리를 헤아리던 영필이는 다들 잠든 것을 확인하고 헛기침을 두 번 했다.

"에험, 에험!"

그러자 이제나 저제나 하고 기다리던 아내는 슬며시 자리에서 일어나며 소리 죽여 헛기침을 했다.

"에험!"

그것을 신호로 하여 이들 부부는 서로 상대에게 가기 위해 시계 방향으로 돌기 시작했다. 열 놈이나 되는 아이들이 제각기 큰 대자로 발을 뻗고 이리 뭉치고 저리 구르며 하고 있었기에 발걸음 옮기기가 여간 조심스러운 것이 아니었다. 자칫 잘못하여 자는 아이의 머리라도 밟으면 산통은 깨지고 마는 것이다.

더듬어라 더듬어라. 조심조심 더듬어 전진하라.

이들 부부는 살얼음을 딛는 조심스러움으로, 장님이 밤길을 가는 심정으로 조심스럽게 바람벽을 더듬어 목적지에 도착했지만 만나야할 사람이 있어야할 자리는 텅비어 있었다. 그래서 다시 돌기 시작했다.

한 바퀴, 또 한 바퀴, 다시 한 바퀴, 그렇게 열한 바퀴를 돌

앉지만 끝내 사랑하는 사람을 만나지 못했다.

안타까운 시간의 흐름이었다. '대체 여편네는 어디에 있단 말인가.' 영필이는 성난 불기둥을 움켜쥐고 다시 발걸음을 옮겼다. 한 걸음, 두 걸음을 옮겼을 때 뭔가 둥글고 딱딱한 물체가 발에 밟혔다. 아차하는 순간이었다. 한 녀석의 머리통을 밟은 것이다.

"아얏, 대가리야! 어떤 놈이야, 어떤 놈이 내 대가리를 밟고 지랄이야 앙!"

아이가 고래고래 큰소리를 질러대자 각기 방안을 돌던 부부는 바람벽에 그림자처럼 착 달라붙었다. 가슴이 콩볶듯 뛰어 진정하기 힘들었다.

그때였다. 큰아들이 나즈막한 목소리로 대가리 밟힌 아우의 입을 막으면서 점잖게 타일렀다.

"야 이놈아, 입 닥치고 참어. 네 놈은 대가리가 밟혀 아프겠지만 열두 바퀴째 돌아도 못만난 놈 속은 오죽하겠냐. 인마."

남자란 최초의 키스는 완력으로 빼앗고, 두번째는 달래면서 얻어내고, 세번째 키스는 으스대며 요구하고, 네번째 키스는 태연히 받아들인다. 그리하여 다섯번째 키스는 마지못해 응해주고 그 다음부터는 모든 키스를 귀찮게 받아들이는 변덕쟁이. ―헬렌 로란드―

1005

# 마누라의 서비스

영필이가 미아리의 밤거리를 산책하고 있었다. 그러는 동안, 밤거리 여자들이 다가와선 발걸음을 멈추게 했다.

"난 지금 집에 가는 길이야."

"그렇지만, 오빠, 서비스를 기가 막히게 해줄테니 잠시 놀다가!"

"기막힌 서비스?"

"그래요! 뿅 가게 만들어 드리겠어요."

"흥 그래? 그러나 우리집 마누라처럼은 못할걸?"

"아니, 오빠의 부인이 그렇게도 굉장한가요? 그래도 저보단 못할 거예요."

그러자 영필이가 낄낄 웃으며 이렇게 말했다.

"마누라는 몇번 해도 공짜거든!"

내가 해낸 가장 멋진 일은 내 아내를 설득해서 나와 결혼하게 만든 것이었다. —처칠—

## 1006

# 어느 새벽의 소묘

그녀의 이름은 '설희'라고 했다.

내가 그녀를 처음 봤던 곳은 영동의 어느 나이트클럽에서였다.

그녀는 아르바이트 쇼걸이었다. 밤업소에서 비키니만 입고 춤을 추는 여자이니만큼 몸매 하나는 기막히게 빠진 아가씨였다.

나의 친구가 그 나이트클럽의 지배인으로 있었기 때문에 자연스럽게 자리를 몇번인가 했었다.

어느 해이던가.

초겨울의 늦은 저녁, 나는 택시를 타고 그녀가 일하는 업소 앞을 지나고 있었다. 그런데 정말 우연히도 그녀가 내가 타고 있던 택시에 합승을 했다.

"어머! 이 선생님 아녜요."

"허허, 세상이 좁군 그래?"

달리는 택시 안에서 우리는 이런저런 얘기를 했다. 택시가 신사동 로타리를 지날 때 그녀가 뜻밖에도 이런 말을 했다.

"웬지 그냥 들어가기가 싫어지네요. 맥주라도 한 잔 사주시지 않겠어요?"

"그러지 뭐."

우리는 신사동에서 택시에서 내려 근처의 호프집으로 들어갔다.

인생을 얘기하며 늦도록 술을 마시다가 새벽이 가까와서야 우리는 술집에서 나왔다.

이때 설희가 말했다.

"저희 집은 신촌이에요. 그렇지만 이 시간에 들어갈 수는 없어요. 어디로든 데려가 주세요."

실은 나도 처음부터 은근히 그렇게 되기를 바라고 있었다.

아무리 아르바이트라 하지만 쇼걸 가운데 숫처녀가 없다는 사실은 이미 세상이 다 아는 일이 아닌가. 찬스만 잘 포착하면 부담 없이 하룻밤을 즐길 수 있는 상대인 것이다.

여관에 들어가 우리는 함께 목욕을 했다. 내 등에 비누칠을 해주면서 설희는 자기가 모 대학의 무용과 2년생이라 했다. 나는 그녀의 학생증을 확인해 보지는 않았지만, 그녀의 이야기로 미루어보아 믿을 수 있었다.

"역시 무용과 대학생이라 아름답고도 탄력성 있는 육체미를 가졌군 그래! 눈부시도록 매력적이야!"

나는 칭찬을 아끼지 않았다.

"그렇게 쏘아보면 싫어요."

"미안 미안! 설희, 오늘 우리 한번 멋지게 섹스를 즐겨 볼까?"

"……."

그녀는 대답 없이 먼저 욕실을 나갔다. 내가 나왔을 때 그녀는 침대에 누워 담배를 피우고 있었다.

나는 그녀의 담배를 빼앗아 재털이에 비벼끄고 곧바로 그녀에게 덤벼들었다.

그러나 결과는 뜻밖이었다.

"어쩐지 마음이 내키지 않아요. 오늘은 우리 얌전하게 잠이나 자요."

"하지만 나는 몹시 흥분되어 있어?"

나는 경험에 의하여 여자의 급소쯤은 알고 있었다. 그래서 그녀의 발가벗은 육체를 애무하기 시작했다.

이윽고 설희는 몸을 비틀기 시작했다. 나는 그 기회를 놓치지 않고 핑거서비스를 했다. 그곳은 그야말로 습지대였다. 숫처녀의 툰드라지대와는 확실히 달랐다.

"잠깐만!"

애무를 끝낸 내가 본 게임에 들어가려 하자 설희는 갑자기 거절하며 이렇게 갈했다.

"전 지금 성병에 걸려 있어요. 선생님을 위해서 충고하는 거예요."

나는 그녀가 연극을 하고 있는 줄 알았다.

'음, 괘씸한 년! 저 혼자만 실컷 즐기고, 절정의 고비에 가서 나를 배신하는군.'

나는 고집을 부렸다.

"괜찮아 썻으면 돼."

나는 설희가 거짓말을 하고 있다고 생각했기 때문에 억지로 그 일을 치르려 했다.

그러나 그녀는 끝까지 항거하며 급기야는 이런 말을 했다.

"정녕 하시겠다면……, 콘돔을 사용하세요."

"설희, 병이 걸렸다는 게 정말이야?"

나는 미련 반 의심 반 섞인 표정으로 반문했다.

"그래요. 오늘 날이 밝으면 병원에 가서 치료를 받을 생각이예요, 아직 심하지는 않지만……."

나는 이날 새벽은 허탕을 치고 말았다.

그리고 그날 아침 당장 콘돔을 한통 사서 주머니에 넣고 다녔지만, 그로부터 몇개월이 지난 오늘까지 단 한 개도 사용하지 못하고 있다.

항상 당신이 할 수 있다고 생각하는 것보다 한 가지만 덜 하라.  ―바루크―
＊운동이나 섹스등은 무리하면 안된다는 암시.

1007
# 잠좀 잡시다

어느 신혼 부부가 노총각 영필이가 사는 옆방에 이사를 왔다.

그들 신혼 부부는 하루도 빠지지 않고 매일 밤 세 번씩 즐거움을 나눴다. 그러던 어느 날 밤에 신부가 신랑에게 속삭였다.

"자기, 옆방에 노총각이 살고 있으니까 조심을 해야겠어요. 오늘부터 횟수를 두 번으로 줄입시다."

"그러지 뭐. 지금 당장 실천에 옮기자구."

그들은 약속을 하고 그날 밤 두 번으로 일을 마쳤다.

그리고 얼마나 시간이 흘렀다. 신혼 부부가 어렴풋이 잠이 드는 순간 갑자기 옆방 총각 영필이가 벽을 똑똑 두드렸다.

"이보시오! 3회전을 빨리 하시오. 3회전이 끝나야 나도 잠을 잘것이 아니오!"

좋은 남편은 귀머거리여야 하며 좋은 아내는 소경이라야 한다.  ─서양 격언─

1008
· 
## 증명

술에 취해 곤드레만드레가 된 영필이가 자정이 훨씬 지나서 야 집에 왔다. 그런데 대문이 잠겨 있었기 때문에 어쩔 수 없이 담을 넘어야만 했다.

막 담을 넘으려는 순간, 누군가 발을 잡아채며 소리쳤다.

"이 도둑놈, 꼼짝마라 ! "

영필이가 돌아다보니 방범대원이 무섭게 노려보고 있었다.

"왜 이러시오 ! 여긴 내집이란 말이오."

"뭐라구 ? 당신 집이라고 ? "

"그렇소. 대문이 잠겨 있어서 담을 넘고 있는 중이오."

"믿을 수 없소 ! "

"그렇다면 증명해 보이겠소."

이리하여 영필이와 방범대원은 함께 담을 넘어 집안으로 들 어갔다.

영필이는 집안의 물건들을 하나하나 가리키며 모두 자기 것이라고 말하며 침실문을 열었다.

붉은 조명등이 켜진 방의 침대에서는 한쌍의 남녀가 2층을 짓고 한창 쾌락을 나누고 있었다. 그것을 보고 영필이가 혀꼬부라진 소리로 방법대원에게 말했다.

"똑똑히 보시오. 저 여자는 내 마누라요. 이젠 내가 이집 주인이라는 걸 아셨겠죠."

그 말에 방법대원은 눈을 깜빡이며 의아한 표정으로 물었다.

"그, 그렇다면 말이오. 당신 마누라 위에서 헐떡이고 있는 사나이는 대체 누구요?"

"이런 멍청이! 누구긴 누구겠소, 저 사나이가 바로 나란 말이오."

당신은 당신을 강간코자하는 사람이 잠깐 멈추어 콘돔에 관해 생각할 것이라고 생각합니까? —아도르노—

남성은 강할수록 좋다. 정력비방 Point **①**

## 페니스 트레이닝

꾸준한 연습이 챔피언을 만든다. 이 말은 운동경기에만 국한된 말이 아니라 성에도 예외없이 적용되는 말이다.

여기에 그 능력을 녹슬지 않게 하는 페니스 트레이닝을 소개한다.

먼저 페니스를 발기시킨 후 그 뿌리에서부터 50~100회 정도를 신나게 흔들어 준다. 이렇게 흔들어 줌으로써 페니스의 귀두 부분은 울혈이 된다. 그것에 의해서 감각이 둔감해지고 있는 귀두부가 자극되어 페니스 앞쪽의 감각이 회복되므로 지속력이 놀랄만큼 신장되는 것이다.

이 스윙법은 페니스에 자극을 주어, 그 능력을 배가시키는 비방이므로 적극 권장하는 바이다.

남성은 강할수록 좋다. 정력비방 Point ❷

## 페니스 지압법

▼

발기한 페니스를 쥐었다가 놓는 지압법은 페니스의 신경이나 혈관을 활성화시켜 절륜력을 강화시킨다. 이것은 마치 추울 때 손을 쥐었다 펴는 동작을 계속하므로써 손가락 끝의 혈액순환이 좋아져 후끈후끈해지는 것과 같은 원리다.

# 플러그를 꽂아야지

1009

어느 날 오후, 영필이는 머리가 아파 부득이 회사를 조퇴하고 집에 돌아왔다. 그런데 웬 낯선 사나이가 발가벗고 침대에 누운 아내의 배위에 엎드려 가슴 사이에 머리를 묻고 있는 것을 발견했다.

"당신은 누구요? 지금 무슨 짓을 하고 있는 거요?"

영필이가 소리치자 사나이가 대답했다.

"나는 외판원이오. 지금 부인의 가슴 속에서 나오는 음악을 듣고 있는 중이오."

"가슴 속에서 나는 음악을 듣고 있다고?"

그 말을 이상하게 생각한 영필이는 곧 아내의 가슴에 귀를 기울이고 듣다가 의아해서 말했다.

"난 아무 음악소리도 안 들리는데?"

"그야 물론 안들리죠."

사나이가 대답했다.

"당신은 플러그를 꽂지 않았으니까요."

＊

＊

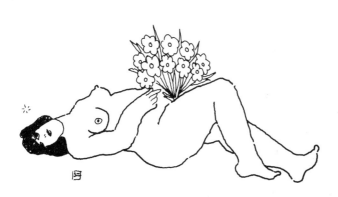

청춘을 유지하는 비결은 항상 형식에 구애받지 않는 감정을 가지는 것이다. ─와일드─

1010
# 그랜저 코에 티코 연장

코가 꼭 주먹덩이를 달아놓은 것같은 영필이, 그것에 반하여 결혼한 영자가 첫날밤을 지내고 신랑 영필이의 코를 톡톡 치며 하는 말,

"거짓말쟁이 거짓말쟁이……."

어린 나방은 불에 타는 위험도 모르고 등잔불에 뛰어든다. 물고기는 위험도 모르고 낚시에 달린 먹이에 덤벼든다. 그러나 우리들은 불행의 그물이 펼쳐 있음을 잘 알면서도 관능적인 향락에서 벗어날 수 없다. 이와 같이 인간의 어리석음은 한이 없다.  —인도 속담—

# 세상에 이런 일도 있습디다

어느 해 겨울의 밤이었다. 창밖에는 어둠을 밝히듯 함박눈이 펑펑 쏟아지고 있었다.

모두가 잠든 시간이었지만, 나는 잡지사 청탁 원고를 쓰느라 머리를 쥐어짜고 있었다.

그때 전화벨이 울렸다. 수화기를 들어보니 모르는 여자의 목소리였다.

"여보세요, 선생님이세요?"

"누구시죠?"

"저는 지난달 모 잡지에 실린 선생님의 글을 읽었던 사람이에요."

"아, 그러세요."

"그래서……, 한가지 질문이 있어 이렇게 밤늦은 시간에 실례를 무릅쓰고 전화를 드렸어요."

"대체 무슨 질문인가요?"

"저어……, 이렇게 전화로 말씀 드려 죄송합니다만……."

"괜찮으니 어서 말씀하세요."

나는 약간 불쾌한 소리로 재촉했다.

"전……, 유부녀인데요."

"아 그러세요."

"남편은 저의 성기를 지렁이가 한 백 마리쯤 들어 있는 성깔 있는 조개라고 말하고 있어요."

"그렇습니까. 그래서 어떻다는 말씀이죠?"

"잡지에 실렸던 선생님의 글을 읽어 보니 남편이 제게 했던 말과 똑같은 귀절이 나와 있더군요. '그녀의 신비스런 장소는 지렁이가 백 마리쯤 들어 있는 듯하고, 젖달라고 조르는 성깔 있는 조개처럼 입을 끊임없이 벌렸다 오무렸다 했다.'라는 귀절 말예요."

"아, 예! 그런 귀절이 있었지요."

나는 그렇게 대답하면서도 전화속의 여자가 참으로 뻔뻔하다고 생각했다. 유부녀의 신분으로 늦은 밤에 전화를 걸어 야리꾸리한 것을 물어 왔으므로…….

"그건 어떤 겁니까? 좀 자세하게 설명해 주세요."

"그러니까 말하자면……."

나는 약간 얼굴을 붉히면서 설명하기 시작했다. 그녀는 알아 듣겠다는듯이 네, 네를 연발했다.

"아시겠습니까?"

나는 이마의 땀을 씻었다.

"말하자면 여성 자신의 구조가 특별히 좋게 되어 있는 셈이죠."

나는 주석까지 달아가면서 그것을 열심히 설명했다. 그러자 그녀는 갑자기 화제를 바꾸어,

"선생님, 선생님은 섹스 때 여성의 거기에 키스를 하십니까?"

라고 물었다.

"글쎄요……. 안한다고 말하면 거짓말이 되겠죠."

나는 난처해서 얼버무렸다.

"그것은 어떤 식으로 하십니까?"

그녀는 말했다.

"글쎄요……. 어떤 식이라고 말할 것도 없고 다른 사람들이 그러는 것과 같지요."

나는 몹시 무안했다.

"저의 남편은 저에게 장시간 키스해 줍니다."

"아, 그렇습니까."

나는 좀 겸연쩍었다.

"그렇지만 제가 남편의 그것에 키스를 하려고 하면 남편은 한사코 싫다고 해요."

"그건 이상한데요."

"그리고 저를 너무 섹시하다고 나무라잖아요?"

"흠 흠……."

나는 정말로 어처구니 없는 여자라고 생각했다.

"제가 정말 너무 섹시한 셈일까요?"

"글쎄요……."

"저도 남편의 것을 만져 본다든지 혹은 키스한다든지 또 ×
×하여 여러 가지로 해보고 싶지만……."

"네에?"

"저의 남편은 목욕할 때도 거기를 씻으면 화를 내잖아요."

그녀는 당돌하게 말했다. 왜 그런지 그녀는 숨소리가 거칠어
진 것 같았다.

'이상한데?'

나는 문득 그렇게 생각했다.

"소, 소변을 보고도 결코 휴지를 사용하지 않아요."

'이상하다. 이 여자.'

"씻지 않으니까 말예요……. 아주 고약한 냄새가……, 남편
은 냄새가 날수록 좋다고 하면서 눈을 반쯤 감아요."

"그렇습니까?"

나는 건성으로 대답을 하면서 '혹 이 여자 미친여자 아닐
까?'하는 생각을 했다. 다시 수화기를 통해 기묘한 신음이 들
려오며 여자가 말했다.

"으으음……. 저의 남편이야말로 섹시하지 않습니까? 어떻
게 생각하십니까?"

"글쎄요? 더러는 그런 남성도 있는 모양입니다."

라고 내가 말했을 때 그녀는,

"아아! 선생님! 으으으음, 선생님!"

하고 외치면서 갑자기 전화를 끊어 버렸다.

　나는 한참 동안 생각한 끝에 그녀의 그 거치른 숨소리와 그 비명의 의미를 알고 몹시 불쾌했다. 그녀는 나에게 전화를 하면서 자위를 하고 있었던 것이다.

　'이 고약한 계집!'

　나는 몹시 화가 났다. 그러나 범인을 알 수 없다.


　제발 이후로는 그따위 고약한 전화가 걸려오지 않았으면 좋겠다. 여성 독자께 거듭거듭 부탁드린다.

여자는 정신적으로는 취약한 남자에게는 이끌리지 않는다. 실제로 강하거나 강한 체라도 하는 남자라야 좋아한다.

1012

# 재채기

　결혼한지 얼마되지 않아 깨 쏟아지는 신혼의 단꿈을 꾸고 있
던 영필이가 피치못한 일로 집을 비우게 되었다. 그러나 집을
비운 사이 아내인 영자의 태도가 몹시 마음에 걸렸다.

　"걱정 마세요. 자기가 돌아올때까지 오로지 자기만을 생각하
겠으니 염려말고 갔다 오세요."

　"그렇지만……, 그것을 무엇으로 확인할 수 있겠소?"

　영필이가 몹시 불안하다는 표정으로 묻자 아내인 영자가 타
이르듯 이렇게 말했다.

　"정 그러시면 이렇게 생각하세요. 간혹 자기가 재채기를 하
면, 그것은 내가 자기를 생각하고 있다고 생각하세요."

　영필이는 그 말을 듣고 길을 떠났다. 그리고 며칠이 지났다.
영필이가 일을 보러 거리를 지나고 있는데 젊은 중 하나가 그
의 곁을 스쳐가면서 크게 재채기를 했다.

　"에이취!"

그 재채기 소리를 들은 영필이의 눈에 갑자기 핏발이 섰다.
영필이는 부들부들 떨리는 주먹으로 중의 맨대가리를 사정없이
후려치며 소리 쳤다.

  "이 놈의 땡중, 내 마누라를 건드렸구나!"

고고학자는 어느 여자에게나 가장 좋은 남편이 될 수 있다. 아내가 나이를 먹을수록 그는
더욱 그녀에게 흥미를 가질 것이므로.  —크리스티—

## 아직은 아니다

영필이의 아내 영자가 요즘 수상하다. 눈에 띄게 멋을 내며 외출이 잦은 것에서부터 말투나 행동의 이모저모가 꼭 바람난 암캐 같다.

영필이는 아내의 행실에 의심을 품고 마침내 흥신소에 부탁하여 아내를 뒤따르게 했다.

그로부터 3일이 지난 후 보고가 왔다.

"부인께서는 당신이 출근하자 한 시간쯤 후에 외출을 했습니다. 그리고 택시를 타고 신촌 로타리에 가서 내렸습니다. 신촌 로타리에는 미리 약속이 되어 있었던 모양으로 키가 훤칠한 미남이 반갑게 부인을 맞이 하더군요."

"그게 누굽니까?"

영필이는 그만 아무것도 생각할 겨를이 없이 다그쳐 물었다.

"글쎄 들어보십시오. 그리고 두 사람은 서로 팔을 끼고 다정한 연인들처럼 골목길을 걷더니 어느 여관으로 나란히 들어가더군요."

"그래서 어떻게 됐습니까?"

영필이가 사뭇 얻어터진 사람 모양 씨근거리며 물었다. 홍신소 직원은 냉정히 말을 계속했다.

"부인께서 대실료를 지불했습니다. 그런 후 2층 방으로 함께 들어갔습니다."

"그래서……?"

영필이는 신음하듯 물었다.

"방의 문이 닫혀 버렸으므로 문의 열쇠 구멍으로는 더 이상 일의 진전을 살펴볼 수가 없었습니다."

그 말에 영필이는 이마의 땀을 씻으며 후욱하고 한숨을 내뿜으며 이렇게 중얼거렸다.

"으음, 그러고 보니 아직 확증을 잡지 못한 셈이군! 아직은……."

여심(女心)은 4월의 날씨처럼 한 순간마다 변하는 것이다.

1014

# 행복한 사람

영필이와 영자가 호젓한 공원에서 데이트를 즐기고 있었다.

"영자씨, 저는 너무너무 행복해요."

"왜죠?"

"헤헤……, 영자씨 핸드백 속에 피임약이 들어 있는걸 살짝
봤거든요."

사랑이란 돌처럼 한번 놓인 자리에 그냥 있는 게 아니다. 그것은 빵처럼 항상 다시, 또 새
로 구워져야 한다. ─르귄─

# 1015
# 가죽 주머니

어느 작은 도시에 늘 문전 성시를 이루는 양화점이 있었다. 실상 그 집 주인인 구두장이의 솜씨는 별로였다. 그런데 그의 아내는 아름답기 짝이 없었기 때문에 바람기 많은 건달들이 어찌어찌 해보려고 수도 없이 몰려드는 것이었다.

구두장이 아내에게 흑심을 품은 사나이 중에 중국집 종업원인 영필이가 있었다. 영필이는 제멋대로 생긴 얼굴에 주먹만한 코를 가진 추남 중의 추남이었기 때문에 우선 외모상으로도 어울리지 않았다. 돈도 없고 인물도 없고, 그러니 마음만 태울 수 밖에.

그런 영필이가 목욕탕을 다녀 온 어느 날부터 갑자기 활기가 넘쳤다. 목욕탕에서 우연히 보게된 구두장이의 그것이 형편 없이 작았기 때문이었다. 실상 영필이의 그것도 주먹만한 코와는 달랐다. 다시 말하자면, 코를 보면 '그랜저'로 평가하지만 실물은 '티코'였다는 얘기다.

'티코면 어떠랴. 남들이 그랜저로 보아주는 것이 중요하지.'
영필이는 그렇게 생각하고 보무도 당당하게 양화점으로 갔다.
마침 구두장이는 가게에서 작업 중인데 그의 아름다운 아내는
방에서 무엇인가를 하고 있었다.

영필이는 방에도 들리게 큰소리로,

"아저씨, 부탁이 있어서 왔어요."

"무슨 부탁인데?"

"실은 제 코가 터무니없이 큰 것처럼 그것도 터무니없이 커
요. 배달을 하느라 걸을 때마다 걸리적거려 불편하기 짝이 없
어요. 그래서 여러 모로 생각하다가 아저씨께 부탁하는 거예
요."

구두장이는 호기심이 동하여 바싹 다가앉았다.

"그래, 무슨 부탁인지 빨리 말하게."

"그래서 드리는 말씀입니다만, 최고로 부드러운 가죽으로 주
머니를 만들어 주십시오. 그 주머니에 물건을 넣고 끈을 해서
허리에 걸고 다니면 어떨까 해서 입니다."

"옳거니! 그것 참 괜찮은 생각이네. 난 평생 처음 만들어
보는 거지만 최고로 부드러운 가죽으로 예쁘게 지어 주겠네.
어디 그 물건을 좀 재세."

방에서 바느질을 하던 구두장이의 처는 무한한 흥미를 가지
고 가게에 귀를 기울이고 있었다.

"여기서 부끄러워 어떻게 잽니까? 내가 집에서 재어 보았는
데 몸은 둥글기가 두어 주먹쯤 되고 길이는 반자 가량입니다."

"그렇다면 말의 물건과 다름 없겠네 그려."

"그렇다고 할 수 있지요."

"아아, 자넨 참으로 훌륭한 물건을 가졌네 그려."

밤낮 물건이 작다고 마누라로부터 불평을 듣던 구두장이는 영필이가 진실로 부러웠다. 구두장이의 그런 표정을 살피고 있던 영필이는 입을 열어,

"무어 그쯤 가지고 그러십니까. 그 일을 할 때는 정말로 놀랄만큼 커지는데요. 허허허……."

구두장이의 아내는 이 말을 듣고 영필이와 한번 자 보았으면 소원이 없겠다고 생각했다.

그후 며칠이 지난 어느 날, 영필이가 보니 구두장이가 재료를 사러 서울로 떠나는 게 아닌가. 옳다 됐다! 영필이는 밤이 이슥하여 양화점으로 갔는데, 생각대로 그 아내의 얼굴에 반기는 빛이 역력했다.

"아저씨는 어디 가셨습니까?"

"재료를 사러 서울 가셨어요. 아마 내일 저녁때나 오실거예요."

"아하, 그렇습니까? 사실 며칠 전 제가 무슨 물건 하나를 맡겼습니다. 이미 돈은 지불했는데……."

"네 알아요. 다 만들어서 방에 있는 다락 속에 넣어 두었어요. 어서 방으로 들어오세요."

구두장이 아내가 눈으로 추파를 던지며 영필이를 끌어들였다. 이리하여 영필이는 오랫동안 그리던 회포를 풀게 되

었다. 일이 끝난 후 실망한 것은 여자였다. 그렇게 장대하여 주머니 속에다 넣어 매달고 다녀야 된다던 영필이의 물건이 어찌된 셈인지 제 남편처럼 형편 없이 작은 티코였던 것이다. 여자는 그제서야 영필이의 계책에 속은 것을 깨달았다. 그러나 어쩌랴! 이미 버린 몸, 쏘아버린 화살, 엎질러진 물이 아니던가.

구두장이의 아내는 가려운 데를 긁다 만 듯한 기분에 울적했다. 잔뜩 기대를 했다가 문전만 더럽히고 말았으니 그럴 만도 했다.

다음 날 저녁, 양화점에서 짜장면을 주문하여 영필이가 배달했다.

"어제 내가 없을 때 와서 주머니를 가져 갔더군 그래? 어때 잘 맞던가?"

"예, 좀 작은 듯하지만 그런 대로 쓸만 합디다."

이 말에 구두장이 아내가 입을 비쭉이며 속으로 생각했다.

'나 원 참 기가 막혀. 그 주머니 안에 네까짓 놈의 물건이라면 한 삼백 개가 들고도 모자라겠다.'

동물들은 정말 마음에 드는 친구들이다. 그들은 질문도 하지 않거니와 남을 비평하지도 않는다. ―엘리어트―

1016

# 자식은 부모의 거울 !

유치원에 갔다 돌아온 개구쟁이가,

"엄마, 나 젖 !"

하고 엄마의 젖꼭지에 매달린다. 그러자 엄마는 파란 핏줄이
드러나 보이는 오동통한 젖을 내맡긴다.

마침 그때, 딸네집에 다니러 왔던 친정 어머니가 이 광경을
보고 놀란 듯이 말했다.

"애야, 아이놈의 응석을 받아 주는 것도 정도가 있어야지,
유치원에 다니는 애한테 여태껏 젖을 물리다니…….."

"그렇지만 어머니, 애 아빠가 그러는 걸 보고 따라 하는 걸
어떡해요…….."

"맙소사 !"

나는 원숭이가 배우는 식으로 배웠지요. 원숭이는 자기 부모를 관찰하지요. ―찰스 황태자―

# 망할 놈의 늙은이

1017

영자가 신부님 앞에서 고백성사를 하고 있었다.

"어느 날 밤에 옆방 아저씨가 제 방으로 들어오더니 갑자기 저를 껴안았어요."

"그래서요?"

"제가 놀라서 소리를 치려고 하는 순간에 그 아저씨는 입으로 제 입을 막았어요."

"흐음, 키스를 했단 말이군. 그 다음 어떻게 했죠?"

"제 가슴을 부드럽게 애무하기 시작하더군요."

"그런 다음은……"

"제 스커트의 단추를 풀었어요."

"흐음, 그 다음을 계속 이야기 해봐요."

"그때 난데 없이 제 방문이 열리면서 어머니께서 들어오셨어요."

그 말을 듣자 신부님은 몹시 실망스런 표정을 지으며 외쳤다.

"저런, 망할 놈의 늙은이 같으니라구!"

"나는 당신을 사랑해요."라고 말할 때 너무도 자주 우리는 '나'라는 말은 크게, '당신'이란 말은 작게 얘기한다.  ─안토니─

남성은 강할수록 좋다. 정력비방 Point ❸

## 항문을 죄라

▼

아주 간단한 방법으로 섹스에 강해지는 비결 한 가지.

틈이 있을 때마다 남녀 모두 항문을 죄는 운동을 하라. 항문을 죄는 운동을 하면 발기신경이 자극되고 그 작용이 정소에 전달된다. 정소를 자극시키면 호르몬 분비를 자극시키고 전신의 스태미너가 강해진다. 또 성교 중에 꽉 죄면 근육의 움직임은 근소해도 상대에게 예민한 반응이 전달하여 성감을 배가하게 한다. 쉽게 설명하자면 긴장과 이완을 되풀이하면 그 율동적인 리듬이 질을 자극하여 고도의 오르가즘에 도달하게 한다는 것이다. 여성이 이 트레이닝을 계속하면 질을 조이는 힘이 강화되어 남성에게 강한 압력을 줄 수 있다.

출산 후 느슨해진 여성에게 꼭 권장하는 바이다.

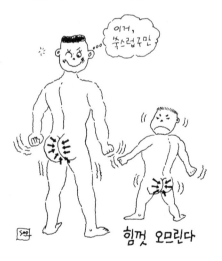

남성은 강할수록 좋다. 정력비방 Point ❹

## 술에 취해 페니스가 서지 않을 때는…

▼

　술과 여자, 떼어 놓을 수 없는 관계다. 한잔 술은 성욕을 부추기는데에 탁월한 효과가 있다고 의학적으로도 권장하고 있다. 그러나 너무 취하게 되면 페니스가 발기되지 않아 성교가 어렵게 된다. 이럴 경우에는 다음과 같은 방법을 쓰면 된다.

　엄지발가락 발톱 뿌리에 있는 태돈(太敦)이라는 경혈을 자극하라. 엄지발가락을 꼬집어 세게 몇 번 비튼 후 따뜻한 물로 샤워하면 금방 효과가 나타난다. 실습하여 보시도록…….

1018

# 잠버릇 치고는 너무해

만취한 영필이가 친구 집에 놀러가서 친구의 아내와 한방에서 자게 되었다.

밤중에 잠을 깨어 보니 친구는 쿨쿨 자고 있었다. 순간 영필이는 이상한 충동을 느꼈다.

그래서 슬그머니 친구의 아내에게 접근했다.

이상한 소리에 잠이 깬 친구,

"이게 무슨 짓이야! 아무리 친구간이라도 이런 짓은 용서할 수 없어!"하고 노발대발했다.

그러나 영필이는 정중하게 사죄를 했다.

"미안, 미안. 나는 잠들면 언제나 여편네를 품에 품게 되는 버릇이 있어서 잠결에 착각을 했네."

"그래? 하기야 남자들이란 대개 그런 잠버릇을 가지고 있지. 그렇다면 오늘밤 일은 용서하겠네."

친구는 그렇게 말하고나서 다시 잠들었다.

　그러나 영필이는 친구의 아내와 통하다 만 정이 못내 아쉬워 그냥 잠들 수가 없었다. 그녀 역시 같은 심정이었다.

　이윽고 그들은 다시 그 일을 계속했다. 그럭저럭 절정의 순간에 이르러 두 사람은 콧김을 내뿜으며 거친 숨소리를 내었다.

　친구는 그 소리에 다시 잠이 깨었다.

　"이봐! 일어나, 잠버릇 치고는 너무 해. 눈을 떠 보란 말야."

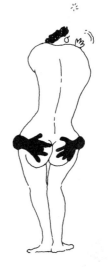

성은 쾌락만을 위한 것이 아니다. 성은 생활을 영위하는 것, 건강을 위한 행위를 말하는 것이다.

1019

# 구원 바람

수사과장에게 긴급 전화가 걸려왔다. 방범대원 영필이었다.

"과장님, 공원을 순찰하다가 어두운 곳에서 외설 행위를 한 풍기사범 한 쌍을 적발했습니다."

"음, 그래서 단단히 타일렀나?"

"아닙니다. 저는 그 사나이를 때리고 말았습니다."

"뭐라구? 어째서 폭행을 했나?"

"그 놈팡이가 껴안고 있던 여자가 바로 제 마누라였기 때문입니다."

"허어 참! 그래서 부인은 어떻게 했나?"

"예, 지금 이 공중전화 박스 밖에서 저를 잔뜩 노려보고 있는 중입니다. 구원을 부탁드립니다!"

쾌락은 행복의 끝과 시작이다. ―에피크로스―

## 1020

# 범인은?

백화점의 엘리베이터 안은 매우 붐볐다. 영필이는 입이 절로 헤벌쭉 해졌다. 그것은 침을 꼴깍 삼키도록 만드는 아슬아슬한 미니스커트를 입은 아리따운 아가씨가 자기 옆에 바싹 붙어 서 있었기 때문이다.

영필이의 부인은 도끼눈의 곁눈질로 그러한 남편의 표정을 살펴보고 있었다. 그런데 느닷 없이 그 아가씨가 영필이의 뺨을 철썩하니 후려치면서 소리쳤다.

"이런, 치사하고 더러운 사람! 어디서 감히 숙녀 엉덩이를 만져!"

난데없는 소란에 사람들의 시선은 일제히 영필이의 얼굴로 쏠렸다. 얼굴이 홍당무가 된 영필이는 아내를 재촉하여 도망치 듯 엘리베이터에서 내렸다.

"여보, 오해하지 말아. 난 절대 그 아가씨의 엉덩이를 만지지 않았어. 정말이야."

영필이가 억울하다는 듯이 열심히 변명했다. 그러자 부인은
만족한 표정으로 고개를 끄덕이면서 이렇게 말했다.

"물론이죠, 만진 것은 저였으니까요. 호호호……."

결혼에는 네 단계가 있다. 첫째, 연애를 하고, 결혼을 하고, 아이를 낳고 그리고 끝으로 네
번째 단계가 있는데, 이것 없이는 부인을 알 수 없다. 그것은 이혼이다. —메일러—

1021
# 기막힌 사랑 이야기

어느 작은 도시에 '크레오파트라＋양귀비'를 해도 못당할 미모의 귀부인이 있었더라.

정상적인 남자라면 한번 보고 반하지 않은 자는 없었더라.

발 없는 말이 천리를 달리듯, 미인의 명성은 전국에 무성하더라.

전국의 난다긴다 하는 사내들, 몸이 달아 그 부인의 얼굴이나 한번 보려고 그 도시로 몰려 들었더라. 그러나 아무도 그 남편의 눈을 피하여 그녀를 대해 본 사람은 없었더라.

그러나……, 그 철옹성같은 감시 속에서도 한 가지의 기막힌 사건이 있었으니…….

귀부인의 소문을 들은, 청년은 몸이 달아 죽을 지경이었다. 우리는 이 청년의 이름을 영필이라 하자. 영필이는 꿈에 그리던 그녀를 먼발치에서나 한번 보려고 그 도시로 갔다.

지성이면 감천이라고 했던가! 그 도시에 온지 며칠이 지나지 않았던 어느 날, 영필이는 운 좋게도 우연히 먼빛으로나마 그 부인을 보게 되었다.

아니, 세상에! 저런 미인이 어느 하늘 아래 또 있으리까. 영필이는 정신이 뽕가서 그야말로 물불을 가리지 못할 심정이 되었다. 그래서 여러가지 궁리를 한 끝에 어찌어찌 해서 그 집의 정원사로 들어 갔겠다.

영필이는 매일같이 부인의 얼굴을 싫도록 쳐다볼 수 있는 것이 무엇 보다도 좋았다. 정말 신이 나서 열과 성을 다하여 모든 일을 척척 처리했기 때문에 곧 주인의 총애를 받기에 이르렀다. 총애라 해도 정도가 있는 법이지만, 어쨌든 그집 주인은 어찌나 영필이가 마음에 들었는지 만사를 다 맡길 만큼 지독한 총애를 하게 되었다.

유수와 같은 세월이 많이도 흐른 후의 어느 날, 주인은 정말 모처럼 그 작은 도시를 떠나며 집을 비웠다.

얼마나 기다렸던 일인가. 그 얼마나 목메이게도 그리던 순간이던가. 영필이는 자신도 모르게 뺨에 흘러내리는 눈물을 닦지도 않고 부인 앞에 나아가, 주저하지도 않고 무릎을 꿇었다.

"아니, 미스터 김! 갑자기 왜그래요?"

놀란 것은 부인 쪽이었다. 그도 그럴 것이었다. 느닷 없이 나타나 하염 없이 눈물을 흘리며 무릎을 꿇는데 놀라지 않을 사람이 어디 있겠는가.

영필이는 차분한 음성으로, 정말 차분한 음성으로 모든 것을 고백했다. 자기가 부인을 보기 위해서 이 도시에 왔고, 또 부인에 대하여 갈망하는 것이 무엇인가도 솔직히 고백했다.

부인은 영필이의 열정적이고도 진지한 태도에 크게 감동을 받았다.

"이제껏 나는 많은 남자들의 유혹을 받았지만……, 그때마다 나의 덕성으로 이를 물리쳐 왔어요. 그러나 오늘 미스터 김의 태도는 다른 사람들의 선물이나 애원이나 다짐보다 훨씬 진실성이 있군요.

휴우, 그 진실성과 대담성에 내가 졌어요. 오늘밤 미스터 김이 나를 가지세요."

부인은 영필이에게 한밤중에 슬그머니 자기 방으로 오라고 일렀다. 그리고 잠들었거든 흔들어 깨우라고 했다.

그날 밤 영필이는 가슴을 두근거리며, 부인의 침실에 도둑괭이처럼 잠입했다. 그런데 아침에 도시를 떠났던 주인이 영필이도 모르는 사이에 돌아와서 부인과 잠들어 있었다.

너무 어둡기 때문에 이것을 모르는 영필이는 침상을 더듬어 부인을 흔들어 깨웠다. 그 바람에 잠에서 깨어난 부인, 당황하여 영필이에게 침상 밑으로 들어가라고 일렀다.

영필이도 당황했다. 급히 침상 밑으로 기어가느라고 부스럭거렸다. 그러자 잠귀 밝은 남편이 눈을 번쩍 떴다.

부인은 다시 당황했지만 곧 생각을 정하고 남편에게 입을 열겨를도 주지 않고 재빨리 말했다.

"여보, 사실 끝까지 말을 안하려고 했지만요, 정말 너무 분해서 잠도 안올 지경이에요!"

"무슨 일인데 그래?"

"아 글쎄, 당신이 가장 아끼고 총애하는 미스터 김 말예요, 이 녀석이 언제부터인가 이상한 눈치를 보이면서 자꾸 추근거리는 거예요."

"뭐, 뭐라구! 그게 정말이야?"

남편이 불처럼 화를 내자 부인은 다시 말을 이었다.

"그래서 오늘 낮에 한 마디 따끔하게 해 주었더니, 그러면 오늘 밤에 마지막으로 할 말이 있으니까 정원의 맨 끝에 있는 모과나무 아래로 나와 달라고 하잖겠어요?"

"저런 죽일 놈 봤나, 내가 저를 얼마나 아껴 주었는데, 그래 당신은 어떻게 할 셈이오?"

"그래서 드리는 말씀인데……."

"빨리 말하시오. 답답하오."

남편이 독촉하자 부인이 다시 입을 열었다.

"당신이 내옷을 입고 머리에 수건을 쓰고 그놈이 오나 안 오나 잠시 기다려 보시라는 거예요. 그랬다가 오거든 아주 혼구멍을 내주세요."

"좋은 생각이오. 내 그놈을 그냥 두지 않으리다."

그 말을 끝으로 남편은 부인의 옷을 걸치고 한껏 모양을 내어 변장을 하고 아무 의심 없이 밖으로 나갔다.

그러자 부인은 침실 문을 잠근 후 영필이를 끌어 내었다. 그리하여 생전 처음으로 당하는 두려움에 벌벌 떨고만 있던 영필이는 이 세상에서 가장 행복한 사나이가 되어 한없이 즐거운 시간을 보냈다.

서너 번 짜릿한 열락을 즐긴 후, 부인은 옷을 입으면서, 영필이에게 이렇게 지시했다.

"미스터 김, 어서 굵은 몽둥이를 가지고 가서 정원 끝의 모과나무 아래 내 옷을 입고 서 있는 내 남편을 마구 때리세요. 마치 미스터 김이 나를 시험해 보려고 일부러 놀려 댔던 것인 양으로 말예요. 그러면 남편의 의심 없이 관계를 즐길 수 있어요."

그 말을 들은 영필이는 만족하게 웃으며 밖으로 나왔다. 그런 다음 버드나무의 굵은 가지를 하나 꺾어 모과나무 밑으로 가서 변장을 하고 서성이고 있던 남편을 사정 없이 두들겨 패며 소리쳤다.

"이 천하에 몹쓸 년아! 내가 행여 주인님을 배신할 것 같았더냐? 나쁜 년이로다. 못쓸 년이로다. 이제보니 기회만 오면 서방질을 하려고 생각하고 있었구나! 너 같은 년은 몽둥이가 약이다. 에잇, 이 분노의 몽둥이를 받아라!"

딱 딱딱 딱딱딱……

신나고도 경쾌한 몽둥이질 소리가 정원에 메아리쳤다. 남편은 죽도록 아프지만 비명도 지르지 못하고 한참을 얻어 맞았다. 그냥 서 있다가는 목숨이 온전치 못할 것같아서 끝내는 그냥 **뺑**소니를 쳤다.

그 뒤에다 대고 영필이가 다시 소리쳤다.

"천벌을 받을 못된 년아! 도망을 친다고 이 일이 없어지진 않아! 내일 아침에 내가 주인님께 일러 바치지 않을 것 같으냐? 앙!"

헐레벌떡 부인의 침실로 돌아온 남편은 후회 막급이라는 듯이 말했다.

"공연히 갔었어. 그 녀석이 회초리 같은 걸로 나를 사정 없이 때리면서 입에 주워담지 못할 욕지거리를 퍼붓더군 그래."

"대체, 뭐라고 했는데요?"

부인이 속으로 웃음을 참으며 그렇게 물었다.

"글쎄, 그 녀석이 혹시나 해서 당신을 시험해 보려고 한 모양이야."

"에그머니나! 내가 갔었으면 정말 죽을 뻔했군요."

"그렇지."

"정말 당신이 가시길 잘 했어요. 나는 미스터 김이 그렇게 당신에게 충성심이 강한 사람인 줄은 정말 몰랐어요."

"암, 나에 대한 충성심이 강하고 말구. 앞으로는 당신도 그 녀석에게 잘 해 주도록 하오."

그런 일이 있은 후, 남편은 이 세상에서 가장 정숙한 아내와 가장 충성심이 강한 아랫사람을 두었다고 생각하고 내내 행복해 했더라. 또한 영필이와 부인은 정말 짜릿짜릿한 몰래 사랑을 오랫동안 나눌 수 있었더라.

## 1022
# 한번 생각이 났다하면

영필이가 속세를 버리고 출가한지 5년이 지난 어느 날 친구 달호가 산사를 찾아 왔다. 달호는 예의를 갖춰 말을 했다.

"스님께서 출가하신 지도 이럭저럭 5년이 되었습니다 그려!"

"허허, 벌써 그렇게 되었습니다."

달호는 영필이의 성품에 여색을 멀리하고 수도에 정진하는 것이 신통하여 이렇게 물었다.

"지금도 간혹 여자 생각을 하십니까?"

그 말에 스님 영필이는 빙그레 웃었다.

"글쎄 올시다……. 지금도 한 달이면 서너 번은 생각이 나지요."

"허허, 서너 번이라……, 역시 속세를 등진 결심이 대단하십니다.

달호가 내심으로 감탄을 하고 있는데, 스님 영필이의 목소리가 귓전을 울렸다.

"과찬이십니다. 그런데 한번 생각이 났다하면 한 열흘은 끌지 뭡니까, 나무아미타불."

# 제2장

# 첫날밤 이야기

혀—그것은 여자의 것이 아닐 때 참 좋은 것이야.
—디킨스— 여성은 남성을 유혹하지만 만족시킨다. —아미엘—
분별 있는 남자는 친해질수록 예의를 지킨다. —체스터필드—
서둘러 결혼하면 천천히 후회한다.
—영국 속담—

2001

# 착각

결혼생활 10년에 접어든 영필이, 한참 불타올랐던 청춘의 정력도 이제는 많이 시들어지고 아내를 즐겁게 해주는 서비스도 자연 등한해지는 생활이었다.

그런데 어느 날 대학 동창회에 나갔던 그는 오랜만에 술이 곤드레가 돼서 돌아왔다.

그리고 돌아오자마자 침대로 기어든 영필이는 마치 신혼 때처럼 열정과 기교를 발휘하여 오랜만에 아내를 울부짖게 만들었다.

그런데 어찌된 노릇인지 일을 마치자 곧 침대에서 내려서서 주섬주섬 옷을 챙겨 입는 게 아닌가?

아내인 영자가 깜짝 놀라서 물었다.

"아니 여보, 어딜 가려고 그러세요?"

영필이는 넥타이를 매며 귀찮은 듯 대답했다.

"집에 가야지. 안가면 여편네가 지랄한단 말야."

2002

## 비결

영자와 순자는 공동으로 투자하여 남자 고등학교 앞에 빵집을 냈다.

그들은 격일제로 번갈아 가게를 보았다. 그런데 순자가 더 예쁘건만, 그녀가 가게를 보는 날에는 도무지 빵이 팔리지 않는데, 영자가 보는 날에는 남학생들이 잡새처럼 모여들어 순식간에 많은 빵이 팔리곤 했다.

순자는 약이 올랐다. 아무리 생각해 봐도 자신이 영자보다 못한 구석이 없었다. 그래서 머리를 고쳐 빗어도 보고, 화장도 짙게 해보고 옷도 좋은 걸로만 입었다. 그런데도 도무지 효험이 없었다.

그날도 순자는 파리를 날리며 가게에 앉아 있었다. 그때 세탁소의 개구쟁이 꼬마가 빵집 안을 기웃기웃 들여다 보며 순자에게 물었다.

"누나!"

"왜 그래."

"오늘은 스커트 밑에 아무 것도 안 입는 누난 안나오는 날이
야?"

야단스럽게 화장을 하지 않는 것이 미인이다.  —세익스피어—

# 에로 영화의 이면

필자가 즐겨 만나는 사람 가운데 K라는 영화감독이 있다. 그가 만든 영화의 제목만 말해도 알만한 사람은 알겠지만, 여기서는 밝히지 않기로 한다.

K감독의 작품은 주로 야리꾸리 하지만 감칠맛나는 에로 영화이다.

에로 영화의 제작에는 뒷이야기도 많다. 그리고 에로 영화의 뒷얘기만큼 유쾌하면서도 진묘(珍妙)하며 걸작인 동시에 또 잔혹한 것도 없다.

어느 비오는날, 충무로에서 K감독과 주연급 남우인 P씨를 만나 술을 마셨다. 취기가 돌자 걸직한 육담이 함부로 오갔다. 누구는 히프가 오동통하다거니 유방이 크다느니 하며 잡담을 하다가 내가 엉뚱한 제의를 했다.

"감독님, 제가 멋진 시나리오를 하나 쓸테니, 저를 그 영화에 출연시켜 주실래요?"

"시나리오를 쓰겠다고? 좋지! 그래 어떤 내용으로……."

"줄거리는 아직 생각하지 않았지만, 주연 여배우는 H양으로 하고, 이런 대목은 꼭 넣겠어요."

"어떤 대목?"

"엑스트러가 주연 여배우를 무자비하게 강간하는 장면을 적나라하게 보여주는 거예요. 바로 그 엑스트러역을 제가 멋지게 하겠어요."

"풋하하하……. 알고보니 L형의 욕심이 H양에게 있었군요?"

P가 호탕하게 웃으며 끈적끈적한 눈길을 보냈다.

마침 그때 제작 중인 작품에서 P의 상대역이 바로 H양이었기에 내가 이렇게 내뱉었다.

"P형은 좋겠수, 발가벗은 H양을 맘껏 껴안으니 말이오."

그 말에 P는 정색을 했다.

"당치도 않는 소리 마시오. 우리는 그게 직업이므로 바위나, 나무기둥 껴안 듯하고 있는걸요. 조금도 이상한 느낌이라곤 없어요."

나는 지금도 그때 P가 했던 말을 새빨간 거짓말이라고 생각한다. 사람인 이상 느낌이 없을 리 없다. 그 증거로 베드신을 연출하는 남우들은, 축구 등 운동 선수들이 음부를 보호하기 위해 착용하는 서포터를 착용한다는 것이다.

K감독도 이런 이야기를 했었다.

한번은 짓궂은 배우가 서포터를 착용하지 않고 촬영에 들어 갔다고 한다. 그러자 그의 하반신이 굉장한 변화를 일으켜 촬 영을 다시 했다는 진기한 사실을 말하면서 이렇게 덧붙였었다.

"베드신을 연출하는 남우들은 싼 개런티를 주어도 감지 덕지 하는 경우가 많아."

그렇다면 베드신을 연출하는 여우들은 어떠한가. 그녀들도 직업이므로 처음에는 연기로써 시작한다. 정말 아무런 느낌도 없는 것이다.

그러나 촬영 시간이 길어지면 이야기는 달라진다. 곧 발가벗 고 침대 위에서 한 시간 내지 두 시간 가까이 연기를 계속하면 생각이 이상해진다.

게다가 라이트의 열마저 영향을 주어 여배우의 몸은 점점 달 아 오르기 시작한다.

그런데다 상대인 남자의 애무가 계속되므로 여배우의 그곳은 극도로 흥분돼 버린다.

그렇지만 남자와는 구조가 달라서 어느 정도 구원받을 수는 있지만 급기야는 여자의 눈이 게슴츠레하게 풀리고 입술이 헤 벌어지는 등 진짜 무드를 나타내게 된다.

그런데 그것이 또 남우를 자극하여 베드신은 한층 더 짙은 장면으로 나타나 소기의 목적을 달성할 수 있다는 것이다.

만족스럽게 촬영을 마친 작품일수록, 촬영을 마치고 난 여우 의 모습은 가관이라 한다. 그녀는 옷을 입을 생각조차 하지 않 고 침대 위에 멍청하게 누워서 어쩔 줄을 몰라 한다고.

나는 에로 영화를 볼때마다 K감독의 그 말이 떠올라 재미가
한층 배가된 듯한 느낌을 갖는다.

기묘하고도 뿌리 깊은 착오가 있다. 그것은 요리나 바느질이나, 세탁이나 육아(育兒)는 모
두 여자만이 할 일이지 남자가 그런 일을 하는 것은 수치라고까지 생각하고 있는 사실이다.
그러나 반대로 이렇게 생각하는 남자야말로 부끄러워 하여야 한다. 즉 시달림을 받고, 육체
도 허약하고, 무거운 짐을 짊어지고 있는 여성들이 힘을 다하여 요리하고, 세탁하고, 아이
보기 하고 있을 동안에, 하찮은 일에 시간을 보내든가 그렇지 않으면 전혀 아무 일도 하지
않고 빈들거리는 남자야말로 부끄러워 하여야 한다.　—톨스토이—

2004

# 정조대 ①

어느 날 영필이는 기막힌 정보를 친구 달호에게 얻어 들었다. 청계천 어느 곳에서 비밀리에 정조대를 특이하게 제작하여 판다는 정보였다.

영필이는 달호가 써준 소개장을 가지고 그곳을 찾아갔다. 소개장을 본 정조대 제조업자는 가장 튼튼한 걸로 골라 주며 이렇게 말했다.

"이 정조대의 열쇠는 이 세상에서 단 한 개 밖에 없습니다. 제조업자인 저도 다시는 만들지 못합니다. 그러니까 부인에게 채워 놓으면 절대 안심입니다."

다음 날 아침, 영필이는 죽어가는 상을 하고 부리나케 다이알을 돌렸다. 정조대 제조업자가 전화를 받자 이렇게 외쳤다.

"여보세요, 어제 사간 정조대의 열쇠는 정말 하나 뿐인가요?"

제조업자는 자신 있게 대답했다.

"물론입니다. 제품 성질상 열쇠는 그 정조대에 맞는 걸 한 개 이상은 만들지 않습니다. 믿고 사용하십시오."

그러자 영필이의 목소리가 금방 죽어가는 음성으로 바뀌었다.

"그런데 말이요, 어젯밤 여편네에게 채우려다가 한참 싸움 끝에……."

"싸움 끝에 어쨌단 말이오?"

"그만 힘이 모자라 내가 정조대를 차게 되었단 말이오!"

"쯧쯧, 안 됐소. 나도 어쩔 수 없소."

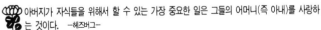
아버지가 자식들을 위해서 할 수 있는 가장 중요한 일은 그들의 어머니(즉 아내)를 사랑하는 것이다. —헤즈버그—

2005

# 정조대 ②

직업군인 달호가 피비린내 나는 전투에 참전하게 되었다. 전쟁터의 사람 목숨은 하늘만이 아는 것이 아니던가.

달호는 전쟁터로 떠나는 날 아침, 절친한 친구 영필이에게 어떤 열쇠를 한 개 주며 비장한 목소리로 말했다.

"이것은 내 아내에게 채운 정조대 열쇠야. 내가 1년이 넘어서도 돌아오지 않거던 자네가 사용하게."

"고맙네."

영필이는 그 열쇠를 건네받고 달호를 눈물로 전송했다.

전장으로 떠나는 버스에 달호는 착잡한 심정으로 앉아 있었다. 버스가 막 떠나려는 순간 영필이가 헐레벌떡 뛰어왔다.

"여보게 달호!"

"왜 그런가? 이리 급히……."

"이 열쇠가 정말로 정조대에 맞는 열쇠인가?"

"그렇네만……, 왜 그런가?"

"아냐아냐! 이 열쇠로 조금 전에 자네 마누라의 정조대를
아무리 열려해도 열리지 않아 뛰어 온거야."

나의 아내는 누가 들어도 가장 달콤한 것 중의 하나를 말했다.
"나는 질투하지 않아요. 그러나 나는 연기중에 당신을 포옹하며 키스하는 모든 여배우를 정
말 안됐다고 생각해요. 왜냐하면 그들에 대해서 당신은 단지 그러는 척 할 뿐이니까요."
―코튼―

2006

# 누가 그것까지 들랬어?

대학의 여학생 기숙사에서 여대생들만의 파티가 벌어졌다.

마침 지나가던 영필이가 떠들썩한 방안에 호기심을 느끼고 창문틈에 눈을 갖다댔다.

이런 줄은 꿈에도 모르는 여대생들은 술이 점점 취하자 기분이 내키는 대로 춤을 추며 거추장스러운 옷을 말끔히 벗어 던지고 전원 태어났을 때의 모습 그대로 곡에 맞춰 돌아갔다.

숨어서 보고 있던 영필이는 자기도 모르게 흥분하여 즈봉의 앞자락을 뚫고 나온 연장으로 유리창을 깨고 말았다.

이에 놀란 여학생 하나가 재빨리 호신용 가스총을 꺼내들고 외쳤다.

"손 들엇!"

영필이는 엉겁결에 손을 들었다. 그러자 여학생은 갑자기 얼굴을 붉히며,

"손만 들랬지. 누가 그것까지 들랬어?"

2007

# 엄마의 걱정

바람둥이 영자가 결혼을 했다.

신혼여행을 떠나게 되는 딸을 붙잡고 어머니가 열심히 일러 주었다.

왜냐하면 딸은 바람기가 다분하여 이미 몇번 아기를 지운 전과가 있기 때문이었다. 그러니 어미된 심정에서 염려하는 것도 무리가 아니었다.

"영자야 이 에미 말 잘 알아 들었겠지? 일생이 걸린 중대사이니, 연극을 잘해야 한다."

"엄마도 참, 처녀막 같은거 신경쓰는 것은 구석기 시대적 사고예요. 그리고 남자들의 욕심이구요. 더구나 영필 씨 그이는 그런 것 전혀 트집잡지 않아요."

딸의 그 말에 어머니는 혀를 끌끌 차며 타이르듯 말한다.

"넌 그래서 바보라는 거야. 사내들이란 처음에는 모른체 하지만, 한 달만 지나면, '에잇, 재수없이 난 헌 물건을 떠맡았어!'하고 투덜거리면서 딴 여자에게 눈을 돌린단 말야. 그러니 첫날밤에 연기를 잘 하라구."

"그래서 저더러 연극을 하라는 거유?"

"너의 행복을 위해서야. 과거는 없었던 걸로 하고 새롭게 시작하면 되는게야."

"호호호……. '아얏, 아파!'하고 소리치면 속겠네요."

어머니는 철없는 딸 영자를 어이가 없다는 듯 멍청히 바라다보았다.

"그런 걸, 일일이 내가 말해 주어야 하겠니? 부끄러운 듯 몸을 움츠리고 있으면 되는 거야."

"걱정 붙들어 매세요. 내 연기력은 아주 끝내 준다니까요."

"일생 일대의 일이니……, 정말 잘 해야한다."

"네. 걱정 마세요."

어머니의 근심스런 얼굴을 뒤로하고, 영자는 신혼 여행을 떠났다.

그로부터 일주일 후, 영자가 여행에서 돌아왔다.

"엄마, 성공했어!"

영자는 야단법석을 떨었다.

"작전은 크게 성공했어요. 내가 아픈 시늉을 했더니……."

"시늉을 했더니?"

"그가 진짜 믿어 버리지 뭐예요. '당신이 25년간 간직했던 순결을 내가 차지하겠소'라고 말하면서 그 일을 치루지 뭐예요."

"그래, 그 사람은 조금도 의심치 않던?"

"그럼요. 처음에만 아프고 다음은 괜찮을 거라고 위로해 주던 걸요."

"으음, 역시 내딸이구나!"

어머니는 그렇게 말하면서도 이상하게 표정은 어두웠다. 그 표정을 본 영자가 의아하다는 듯 말했다.

"왜 그래, 엄마? 무사히 일을 성공 시켰잖아……."

어머니는 골똘히 생각에 잠겼다가 이렇게 말했다.

"그 일이야 백번 잘 했지. 네 아빠도 그랬었단다. 그러나 그렇게 쉽게 넘어가는 사내는 성공하기 힘들어, 바로 네 아빠처럼 말야! 끌끌끌……, 바보 같은 사위녀석 같으니라구."

열 명중 한 명 정도의 여인만이 자신의 남편을 결혼하기 전과 같다고 인정하며, 열 명중 아홉 명 정도는 변했다고 말한다. 또한 세 명중 한 명꼴은 남편이 더 나빠졌다고 말한다.
　－폴－

2008

# 묘한 주문

어느날 영자가 양품점에 가서 보기에도 앙징스러운 작고 예쁜 팬티를 한 장 샀다. 그런 후 양품점 주인에게 이렇게 말했다.

"이 팬티에다 글씨를 써 넣을 수 있을까요?"

"그야 손님이 원하신다면 써 드리지요. 그런데 뭐라고 써 넣으시려는지요?"

"네, '이 글씨를 읽을 정도로 가까이 오세요'라고 했으면 좋겠어요."

"허허, 좋습니다. 그럼, 무슨 글씨 체로 써 드릴까요?"

"네, 점자(點字)로 써 주세요."

"……?!"

가장 짧은 쾌락은 가장 달콤하다.  ─파커─

2009

# 본전찾기

어느 작은 도시의 '명월관'이란 요정집에 미모로 따지자면 양귀비 뺨을 칠, 아름답기 그지 없는, 호스테스가 있었다. 그런 연유로 '명월관'은 연일 문전 성시를 이뤘다. 돈 많고 바람기 있는 골빈 사내들이 어찌어찌 해보려고 잡새처럼 몰려드는 것이었다.

그녀는 불여우처럼 남자의 심리를 꿰뚫고 있었다. 비싸게, 도도하게 굴면 굴수록 더욱 몸달아 하는 족속이 남자라는 사실을 알고 있었기에 한없이 비싸게 굴었다. 그래서 그녀와 2층을 만든 사내는 아직 그 도시에는 없었다.

그녀는 웬만한 남자는 거들떠 보지도 않았다. 돈 많고 행세깨나 하는 사람들의 자리에만 앉아 무섭게 안주를 축냈다.

"언니! 여기 과일 안주 한 사라."

그녀가 몇 차례 그렇게 소리치면 옆자리의 손님은 마음 속으로 '이년이 또 5만원짜리 안주를 게눈 감추듯 먹어 치웠구나.

어휴 내 피같은 돈.'하고 내색도 못하며 배아파하는 것이었다.

구두닦이 영필이도 그녀에게 호되게 당했었다. 3년 동안 부은 적금, 거금 300만원을 타는 날이라 주제넘게 호기를 부린 것이 탈이었다.

그날 영필이는, 정말로 딱 한 잔만 하려고 '명월관'에 들어갔었다. 딱 한 잔 마시면서 소문이 자자한 그녀의 얼굴만이라도 보고 싶었던 것이다.

그녀는 역시 소문대로 절색이었다. 막 들어서는 영필이를 보고 살짝 윙크를 보냈는데, 그것만으로도 영필이의 간장이 녹아내렸다.

"여긴 자네같은 사람이 올 그런 집이 아니야!"

영필이를 아는 주인 마담이 팩 쏘아 붙였다. 영필이는 절색의 미녀 앞에서 그런 모욕적인 말을 듣자 부아가 치밀었다. 그래서 저도 모르게 가슴에 품은 돈다발을 꺼내면서 시니컬하게 소리쳤다.

"무슨 소리! 나도 술 한잔 할만한 돈이 있어."

돈다발을 보자 마담과 호스테스의 눈이 휘둥그래졌다.

"어머, 선생님! 제가 모실께요."

곧바로 호스테스가 영필이의 팔짱을 끼며 어느 방으로 안내했다. 몸이 밀착되자 은은한 여자의 체취가 영필이의 코를 간지럽히며 자지 끝을 저리게 했다.

영필이는 그녀가 따라주는 술을 홀짝홀짝 마시면서 별도로 침을 꿀꺽꿀꺽 삼켰다. 팬티가 보일듯 말듯한 아슬아슬한 똥고

치마 아래로 쭉 뻗은 다리가 그렇게도 선정적이었다.

"아이 싫어요."

"점잖은 분이 이게 무슨 짓이에요."

영필이가 애써 용기를 내어 탐스러운 젖가슴이라도 만질라치면, 그녀는 코맹맹이 소리로 말은 애교 있게 하면서도 냉정하리만치 손을 뿌리쳤다.

시간이 흐르는만큼 비싼 양주병이 비워지고 안주 접시가 쌓였다.

영필이는 자정이 넘어서야 만취하여 명월관을 나왔다. 제대로 젖가슴 한번도 못만져봤는데 지급한 술값은 100만원이 훨씬 넘었다.

다음 날 영필이는 자신의 가슴을 쾅쾅 치며 후회했다. 100만원이 넘는 돈이면 구두 몇 천 컬레를 정신 없이 닦아야 하는 돈이 아닌가.

영필이는 그 날부터 복수의 칼을 갈기 시작했다. 자기를 홀라당 벗겨 먹은 그녀를 크게 한번 골탕먹이리라고 굳게굳게 다짐했다.

영필이에게 구두를 닦는 단골손님 중에도 그녀를 탐내는 사람이 많았다.

땅투기로 졸부가 된 정씨와 최씨, 전당포 김씨, 정육점 박씨, 노름쟁이 이씨, 오락실 주인 윤씨 등등, 줄을 설만큼 많았다.

영필이는 그들에게 먼저 수작을 걸었다.

"싸장님!"

"왜?"

"명월관의 장미라는 호스테스를 어떻게 해보고 싶지 않으세요?"

"말도 마. 고년 한번 건드려보려고 꼴아박은 돈만 해도 기천은 되니까."

"고년이 그렇게 비싸게 구나요?"

"나원 참, 고년이 줄듯줄듯 하면서도 꼭 막판에는 미꾸라지처럼 빠져나간단 말야! 그래서 더욱 미치겠어."

"그렇다면……, 제가 한번 성사를 시켜 볼까요?"

"웃기는 소리! 나도 못하는데 자네가 무슨 재주로…….."

"어쨌든, 성사를 시킨다면 얼마를 내시겠어요?"

"한 장은 주지."

"백 단위겠죠?"

"물론이지."

"좋아요. 그렇다면 선금으로 절반만 주세요. 내일 밤에 틀림없이 성사를 시킬테니까요."

그날 밤, 영필이는 은행에서 바로 찾은 빳빳한 만원짜리 뭉치 3개를 들고 명월관을 찾아갔다. 장미가 불여우 웃음으로 반겼다.

"어머, 영필 씨 아녜요. 어서 오세요."

"오늘은 은밀히 할 얘기가 있어서 왔어."

호스테스 장미가 방으로 안내하자마자 영필이는 불쑥 돈뭉치를 꺼내 그녀에게 주면서 단도 직입적으로 말했다.

"절대 비밀로 할 테니까 나와 내일 하룻밤만 지내."

영필이는 '절대 비밀'이라는 말을 유난히 강조했다. 그것이 통했을까? 그녀는 돈뭉치를 어루만지며 속삭이 듯 말했다.

"좋아요. 절대 비밀을 지키는 거예요?"

"하늘에 맹세하지."

"그렇지만 한 가지 조건이 있어요."

"어떤 조건인데?"

"그 하룻밤 내내 저는 한마디 말도 않고, 또 불도 켜지 않는다는 것이 조건이에요. 혹시 누가 내 목소리를 듣거나 내다봐서는 안 되기 때문이에요."

"그렇게 하지."

그리하여 영필이는 다음날 밤 미리 약속한 장소에서 그녀를 만났다. 2층을 지으면서 그녀의 표정을 즐길 수 없다는 것이 자못 유감스러웠지만 아무래도 좋았다.

만사가 깜깜한 방에서 진행되는 무언극이었지만 저절로 터져 나오는 희열의 괴성만은 어쩔 수 없었다.

"아, 아아~. 아 아흐……."

영필이는 지칠 줄 모르는 정력의 화신 같았다. 어쩜, 300만 원이라는 거금을 투자했기에 그 본전 생각에 더욱 열을 냈는지도 모른다.

시간이 얼마나 흘렀다. 영필이는 벌써 열 몇 차례나 작업을 했다. 작업이 끝난때마다 신중하게도 꼭 얼마 동안씩 변소에 다녀오곤 했다.

다시 한번 열렬한 2층짓기가 끝나고 어김 없이 변소에를 다녀온 영필이가 또 그녀의 배 위에 포개졌다.

"아아~."

호스테스 장미는 아픈 신음을 토하면서 생각했다. 이상하게도 이번은 지금까지의 느낌과는 자못 달랐다.

'이 남자 정말 특이한 체질이군. 변소에만 갔다오면 연장이 커졌다 작아졌다 조화를 부리더니 이번에는 정말정말 거대하군.'

호스테스 장미, 주가를 올리려고 애써 몸단속을 해오다가 정력 절륜의 남자를 만나자 처음에는 너무너무 좋았다. 그러나 열 몇 차례나 그 짓을 계속하자 완전히 손을 들고야 말았다. 그래서 말하지 않겠다던 조건을 자기가 먼저 깨뜨리고 마침내 죽어가는 목소리를 냈다.

"여, 영필 씨! 인제 제발 그만 좀 하세요. 나는 더 이상 당해내지 못하겠어요."

그녀의 그 말이 떨어지기가 무섭게 굵은 사내의 음성이 터졌다.

"뭐, 영필이라고? 난 영필이가 아니야. 영필이에게 100만원이란 돈을 주고 네 몸을 산 정육점 박씨야."

"뭐, 뭐, 뭐라구요? 정육점 박씨라고요?"

"그래!"

그 말에 호스테스 장미는 깜짝 놀라 황급히 정육점 박씨를

밀어냈다. 그런 다음 옷도 입지 않은 채 밖으로 나와서 변소에
가보니 영필이가 전당포 김씨에게 돈을 건네 받으며 뭔가를 조
용조용 당부하고 있었다.

"절대 불을 켜서는 안 되고 말을 해서도 안 됩니다. 고년하
고의 약속이니까 꼭 지켜주셔야 합니다. 알았죠?"

"알았어."

"그리고 아저씨 뒤에 복덕방 황영감이 기다리고 있다는 것도
염두해 두시고요."

성적 결합은 각 개인에게 중요함과 같이 인류 전체에 있어서도 종족 보존에 관계 있는 결과
로서 중요하다. 그리고 그것은 매우 곤란하고 번잡한 것이기 때문에 이 결합이 이루어지는
형식은 천차 만별이고 아무리 깊이 연구한다 해도 충분하다고 말할 수 없다.　─톨스토이─

2010

# 최고의 덕담

아버지의 칠순 잔치에 자식들이 모여 덕담을 했다.

"아버님, 부디 학처럼 오래 사십시오."

큰아들의 말에 아버지는 흐뭇했다. 학은 천 년을 산다는 새가 아닌가.

"아버님, 거북이처럼 오래오래 사십시오."

둘째 아들의 말도 아버지를 기쁘게 했다. 거북이라면 만 년은 산다지 않는가.

그외의 자식들도 저마다 좋은 말을 골라 아버지를 기쁘게 했고 이제 막둥이만 남았다.

잔치에 모인 많은 사람들은 과연 막둥이가 무슨 말을 할까하고 그를 주시했다. 이윽고 막둥이가 우렁차게 말했다.

"아버님, 부디 좆같이 사십시오!"

아니, 이게 무슨 망칙한 말인가! 아버지에게 좆같이 살라니! 세상에 그따위 말이 어디 있단 말인가. 형들과 누나들,

그리고 잔치에 모인 친지들은 너무도 기가막혀 할 말을 잃고 표정만 험악하게 지었다. 물론 아버지도 노여움을 감추지 못하고 부들부들 떨고만 있었다.

그러자 막둥이가 말을 이었다.

"아버님, 그 물건은 죽었다가도 살아나고 불사조처럼 또 살아나는 것이 아닙니까? 제 말은 그 물건처럼 뜨겁고 힘차게 사시라는 뜻으로 드린 말씀입니다. 사족을 달자면, 그것의 힘 없이 천 년을 사시면 뭘합니까. 부디 힘찬 좆같이 젊음을 잃지 마시고 사십시오."

막둥이의 이 말에 아버지는 한없이 기분이 좋아져서 입이 귀 밑까지 찢어지고 있었다. 옆에 앉아 계시던 어머니의 입도 덩달아 찢어졌다.

 남편이 저녁식사 때 늦어지면 나는 그가 여자친구와 연애를 하고 있거나, 사고로 길거리에 죽어 누워 있으리라는 생각을 한다. 나는 항상 남편이 다른 여자와 연애를 하느니 보다는 길거리에서 죽어버리는 편이 낫다고 생각한다. ―탠디―

男子 hunting point ❶

## 이런 남자, 여자를 불행하게 만든다

▼

아장아장 걷는 남자는 근심 걱정이 떠날 날 없는 성품이다. 언뜻 보기에는 호탕해 보이더라도 그것은 허울일 뿐 뿌리는 소심하고 배짱이 없으며 곧잘 배신한다.

안색이 자주 바뀌는 남자는 생활력이 없어 가정불화의 원인이 된다.

치떠보는 남자는 음흉하고 간교하다.

눈을 비키고 대화하는 남자는 무슨 일에나 자신이 없고 자기 주장도 없기 때문에 남에게 리드를 당하기만 한다.

머리털이 가늘고 부드러운 남자, 목덜미에 솜털이 많은 남자, 어깨가 밑으로 처진 남자, 콧방울이 전혀 없는 남자, 여자처럼 행동하는 남자, 눈 언저리에 붉은 색이 감도는 남자 등은 여자를 밝히기 때문에 필히 결혼 후에 바람을 피운다.

## 男子 hunting point ❷

## 이마가 벗겨진 남자를 찾아라 !

▼

근래에 와서 부쩍 이혼율이 높아졌다. 그 이유 중에서 가장 두드러진 것이 소위 '성격의 불일치'이다. 그러나 이 말을 파고 들어 유심히 따져보면 '성의 불일치'인 경우가 90%를 넘는다.

여자는 성적으로 만족하지 못할 때 매사에 신경질적이 된다. 그러다 보니 다툼이 잦아지고, 또 외부로 눈길을 보내게 되는 것이다. 인간은 빵만으로는 살 수 없는 존재이기 때문에……

즐겁고 행복한 결혼생활을 위해서는 '성실'한 남자를 택해야 한다. 여기에서의 '성실'은 마음의 성실성을 비롯하여 성실(性實)을 포함한 말이다.

그렇다면 어떤 남자가 정력이 강한 남자인가! 답은 이마가 벗겨진 남자이다. 이마의 양옆이 벗겨져 올라가 있는 남자는 정상적인 성생활을 할 수 있다고 믿어도 틀림없다. 반면에 이마를 덮고 있는 앞머리의 해안선이 여자처럼 아치형으로 되어 있으면 성적으로 문제가 있는 남자임을 염두에 두라.

2011

# 마음은 콩밭에

어느 스산한 가을이었다.

한 사내가 정신과 의사인 영필이를 찾아왔는데, 너무 신경을 쓰고 흥분하여 발걸음조차 겨우 옮기면서 두 눈에는 눈물이 글썽하였다. 의사인 영필이는 조용히 사내를 소파에 편히 앉히고 안정을 되찾게 하면서 구두도 벗겨 주고 새삼 그 흥분을 달래는 목소리로 물었다.

"자, 마음을 푹 놓고 대체 무엇 때문에 그러는지 말을 해보시오."

그러자 사내는 흐느끼면서 입을 열었다.

"저의 집사람 때문입니다. 저는 미칠 지경으로 아내를 사랑합니다. 전 아내 없이는 살 수가 없습니다. 그런데 아내는 매일 밤마다 모모 호텔 라운지에 가서 사랑을 원하는 사람만 있으면 누구에게나 줘 버립니다. 어떡 하면 될까요?"

의사 영필이는 상체를 앞으로 굽히더니 파이프를 빨아 한 모금 내뿜으면서 억양을 주었다.

"그렇다면, 거 우선 말이요……, 모모 호텔 라운지가 어디 있는지 말해 보시오."

🌸 밤의 세계란 남성의 머리속에서 미녀가 만들어지는 세계이다. 아침에 보니 추녀더라는 것은 남성의 머리속 사정이다.

2012

# 핑계

　반 년 예정으로 해외 출장을 가게된 영필이는 출발 전에 아내에게 정조대를 채워 놓았다.

　친구들 사이에 이 이야기가 전해지자 익살맞은 한 친구가 그를 찾아와서 빈정거렸다.

　"야, 인마! 제발 웃기지 좀 마라, 네 마누라는 지독한 뚱보에다 세수대야는 5층에서 떨어진 메주와 같은데 누가 건드릴까봐 정조대를 채워 놓니? 안심하고 떠나도 아무도 손하나 까딱하지 않을 테니 풀어라 풀어."

　그 말을 들은 영필이는 빙긋 웃으며 이렇게 대답했다.

　"흥, 그건 네가 말 안해도 알고 있는 사실이야. 내 생각은 말야, 거기서 돌아왔을 때 마누라보고 그 열쇠를 잊어버렸다고 할 예정이란 말야."

 결혼식은 당신 자신의 꽃을 당신이 직접 냄새맡는 것을 제외하면 장례식과 꼭 같은 것이야.  ─한센─

2013
# 권태기의 풍경 하나

성서에 이르기를, '여자를 보고 음심을 품으면 간음을 한 것과 같다'고 했다.

그 말대로라면 이 세상 남자 중에 간음을 하지 않은 사람은 단 한사람도 없을 것이다. 성직자도 명망 높은 학자도 예외 없이……. 이것에 대해 필자는 독자 중의 그 누구와도 '눈 빼기 내기'를 해도 이길 자신이 있다.

아무리 사랑으로 맺어진 부부라 할지라도 소위 권태기라는 것이 있다. 상대방이 멋 없어 보이고 괜시리 싫은 정이 드는 것이다.

매일처럼 같은 얼굴, 같은 말, 같은 사이즈에다 판에 박은 포즈를 되풀이하고 있자니 서로 싫증이 나는 것도 무리가 아니다.

이때, 능력 있는 사람들은 젊고 매력적인 상대와 연애를 한다. 그러나 능력 없는 사람들은 상상 섹스를 할 수 밖에. 불을 끈 어두운 방의 침대에서 서로 최 누구누구를 눈 앞에 그리고 이 누구누구를 연상하여 환상 섹스를 즐기는 것이다.

아, 환상 섹스! 돈이 드는 것도 아니다. 생각만 잘 굴린다면 세기의 미남 미녀들을 모두 품을 수 있다는 것이 최대의 장점이 아닌가. 그리고 또 한가지 덧붙인다면 크게 죄책감을 느끼지 않아도 된다는 말이다.

권태기에는 환상 섹스를 즐기라!

여기에 권태기를 가장 적절하게 표현한 재미있는 이야기가 있다.

앙리 4세라고 하면 프랑스의 유명한 명군(名君)이며 프랑스를 근대 국가로 통일시킨 영웅이다.

뿐만 아니라 "영웅은 색을 좋아한다"라는 속담과 같이 그는 그 방면에도 특출한 명장이었다. 그는 자신의 눈에 드는 여자면 신분의 고하를 막론하고 정복했다.

그러므로 보다 못한 대승정이 직접 그에게 간언을 했다.

"폐하, 폐하께서 여색을 탐하는 것이 너무 지나치시다고 신하들의 걱정이 이만저만이 아닙니다."

왕은 미소를 띠고 그 말을 듣더니 고개를 끄덕였다.

"잘 알았소. 그대의 말대로 앞으로는 행실을 조심하여 신하들의 걱정을 끼치지 않도록 하겠소."

왕은 순순히 대승정의 간언을 받아들인 다음 다시 이렇게 덧붙였다.

"그런데 한 가지 걱정이 있소."

"폐하, 그 걱정을 말씀 하십시오."

"음, 짐이 여자의 문제에만은 의지가 약하다는 것을 대승정도 익히 알 것이오. 지금은 이렇게 단단히 마음먹어도 2, 3일 후에 또 다시 결심이 흔들릴지도 모르는 노릇이니……, 청컨대 1주일쯤 궁궐에 머물면서 나를 감시하다가 내가 또 마음이 약해지면 일깨워 주시오."

그리하여 대승정은 궁궐에 머물게 되었다. 왕은 궁중 요리사를 은밀히 불러 대승정의 매끼 식사마다 뱀장어 요리만을 주게 했다.

뱀장어는 대승정이 가장 좋아하는 요리였다. 그러나 끼니마다 1주일씩이나 먹다보니 그만 진절머리가 나서 식탁에 앉기도 싫었다.

그뿐이 아니었다. 뱀장어의 냄새만 맡아도 울컥 구역질이 날 정도로 기분이 상하는 것이었다.

대승정은 더 이상 견딜 수 없어서 왕의 눈치를 봐가며 불평을 아뢰었다. 그러자 왕은 마치 기다리고 있었다는 듯이 껄껄 웃으며 이렇게 말했다.

"그것보라구! 그대가 아무리 좋아하는 뱀장어지만 매일매일 먹으니까 이젠 보기도 싫어졌지?"

"그러하옵니다."

"바로 그거야! 여자도 매일매일 대하면 진절머리가 난단 말야, 알겠어?"

그후 왕은 계속 새로운 여자를 정복했고, 대승정은 꿀먹은 벙어리가 되었다.

인간의 정욕은 처음에는 거미줄 같으나 나중에는 그물이 되고 만다. 정욕은 처음에는 전연 남과 같이 보인다. 다음에는 방문한 손님같이 보이고 마침내는 그 집의 주인이 되어 버리고 마는 것이다.  -탈무드-

2014

# 아빠의 선물

영필이의 아들 맹구가 장난감 총을 가지고 골목에서 놀고 있었다. 수다쟁이 순자가 그것을 보고 말했다.

"어머! 맹구야, 굉장히 근사한 총이로구나. 누가 사줬니?"

"응! 아빠가 출장 갔다 오시면서 사오셨어요."

"그래? 맹구는 참 좋겠구나. 그럼 엄마에게는 뭘 사다줬지? 화장품? 아니면 구두?"

"잘은 모르지만, 엄마 것은 아마 양말을 사오셨을거야."

"에게게, 설마 양말을 사오셨겠니!"

"아냐, 양말이 틀림 없어."

"어째서?"

"응! 그런데 양말이 좀 작아서 발이 잘 안 들어가는 모양이야. 어젯밤 방에서 들려오는 소리를 들어보니 아빠가 엄마에게 '좀더 발을 들어봐! 더 들어야 들어가지!'하고 자꾸만 발을 들라고 했단 말야."

2015

# 첫날밤

결혼식을 마친 영필이가 신혼여행을 떠나기에 앞서 부모님께 인사를 드렸다. 이때 어머니가 영필이에게 뭔가 귓속말을 했다.

영필이와 신부 영자는 제주도로 신혼여행을 갔다. 저녁 식사가 끝난 후 신부는 주저 없이 침대로 들어갔으나 신랑인 영필이는 그렇지 않았다.

한 시간이 넘고 두 시간이 지나도 옷을 벗고 침대에 들어올 생각을 하지 않고 의자에 앉아 있는 게 아닌가?

그래서 참다 못해 신부가 물었다.

"어째서 주무시지 않죠?"

영필이는 신부를 돌아보며 진지한 표정으로 대답을 했다.

"천만에! 자다니, 나는 지금 기대에 차서 기다리고 있는 중이야."

신부는 뜻밖의 대답에 자리에서 일어나 앉으며 물었다.

"대체 무엇을 기다리고 있는 거죠?"

"음, 오늘 우리가 여행을 떠날 때 어머니께서 내게 이런 귀 띔을 해줬거든. '오늘 밤에 네 일생에서 가장 즐거운 일이 생 긴다'고 말야. 그래서 무슨 일이 생기나 밤을 새고라도 기다릴 작정이야!"

순진하다고 해야 할까, 바보라고 해야 할까.

 가정 살림을 잘 하지 못하는 여자는 가정에서 행복하지 못하다. 그리고 가정에서 행복하지 못한 여자는 어디에서도 행복하지 못할 것이다. —톨스토이—

2016

# 첫날밤 이야기

영필이가 신혼여행에서 돌아온 다음 날 친구들이 모여 그의 행운을 축복했다.

차츰 술 기운이 돌기 시작할 무렵 친구 달호가 입을 열었다.

"여보게 영필이, 약속한 대로 첫날밤에 있었던 일을 자세히 보고하게!"

"뭘 그래, 다 알면서……."

영필이가 슬쩍 도망가는 피칭을 했다. 그러나 짓궂은 친구들은 용서치 않았다.

"이녀석 장가가더니 왜 이래! 약속대로 말하지 않으면 오늘 밤 술값은 네가 내야 해!"

친구들의 닦달에 영필이는 얼굴을 붉혔다. 순진하게도 어머니의 말씀을 액면 그대로 믿고 아까운 몇시간을 허비했던 영필이가 아니던가. 신부의 설득을 듣고 가까스로 자정 무렵에야 잠자리에 들었던 기억이 주마등처럼 스치고 지나가자 혼자 실

없이 웃었다.

"어라, 이 친구 좀 봐라! 실실 쪼개지만 말고 빨리빨리 얘기 해."

친구들이 다시 재촉을 했다. 그때서야 비로소 입을 열었다.

"그럼 얘기하지. 다음날 아침에 말일세……."

"이 자식, 누가 다음날 아침 애길 듣쟀어? 첫날밤 이야기를 해!"

영필이는 더욱 홍당무가 됐다.

"글쎄, 내 말 들어봐! 다음날 아침이 돼서 말야, '저……, 화장실에 좀 갔다 오겠으니 이걸 좀 뽑아 주실 수 없어요?' 하더란 말야."

이 말에 친구들은 언제까지나 이구 동성으로 신음 소리를 내고 있었다.

••••

여자의 운명은 맨 처음 키스 때 정해진다.  —모파상—

2017

# 여편네마저 뺏길 사내

자가용 운전기사 영필이가 사장의 부인과 정이 깊어졌다.

어느 날, 부인은 아양을 떨며 이렇게 말했다.

"영필 씨, 우리 사이가 이미 이렇게 깊어졌으니 하는 수 없잖아요. 운명이라 생각하고 저를 영원히 사랑해 주세요."

그 말에 영필이는 고개를 가로저으며 어눌하게 말했다.

"그, 그건 좀 곤란합니다. 주인어른께 진 은혜를 생각하면 도저히 배신할 수가 없습니다. 게다가 주인어른께서 돌아오기라도 하는 날에는……."

"그런 걱정일랑 아예 마세요. 주인은 지금 제주도에서 묵고 있기 때문에 돌아 올 리가 없어요. 그리고 주인어른에게 신세를 졌다 하지만 나도 주인어른 못지 않게 영필 씨를 돌봐 왔어요."

"그건 저도 알고 있습니다. 두말 할 필요도 없이 아주머니께서 저를 각별히 도와 주지 않았다면……."

"듣기 싫어요, 아주머니란 소리. 나를 늙은이로 생각하고 잠시 농락했단 말인가요?"

"천만에요, 그렇지 않습니다."

"그게 아니면 뭐란 말예요, 앞으로는 누님이라 부르고, 잠자코 내 몸뚱이를 만져 보세요."

"예, 예."

"내 몸뚱이는 지금 불덩어리처럼 달아 올라 있어요. 심장이 마구 뛰구요. 내 가슴에 손을 대보면 알거예요."

"누님, 누님의 가슴에 손을 댔다가는……, 저도 남자인 이상 흥분해서……, 아무래도 무슨 일을 저지를 것 같……."

"무슨 잠꼬대 같은 소리를 하는 거예요? 내 가슴에 불을 질러 놓고, 이제와서 슬그머니 꽁무니를 빼다니, 빨리 이리 가까이 와요."

"하지만 누님! 그래서야……."

"영필 씨! 어서 이리……."

두 사람은 힘껏 포옹했다. 순간 그들은 황홀한 쾌락의 경지로 빠져들어 갔다.

바로 이때였다. 제주도에서 묵겠다던 그녀의 남편이 갑자기 돌아와 버렸다.

영필이는 당황한 나머지 뒷문으로 도망을 쳤는데, 서둘다보니 지갑을 그녀의 방에 두고 왔다. 지갑 속에는 그의 신분증과 운전면허증이 들어 있었다.

영필이는 밤새도록 잠이 오지 않았다. 주인어른이 그 지갑을 보면 금세 자기와 부인의 부정이 탄로날 판이었다. 그래서 날이 밝기가 무섭게 주인 집으로 달려 갔다.

꼭두 새벽에 달려 온 영필이를 보자 그녀는 슬쩍 말머리를 돌렸다.

"어머나! 김 기사가 이렇게 이른 새벽에 웬일이세요? 갑자기 어디 먼 곳으로 가게 되었다구요?"

그녀의 말을 들은 남편이 방안에서 말참견을 했다.

"뭐, 김 기사가 먼 곳으로 떠난다고? 누구의 돈이라도 훔쳤단 말인가?"

문밖에 섰던 영필이가 대답했다.

"아닙니다. 돈 문제가 아닙니다."

"그렇다면 여자 때문인가?"

"그렇습니다."

"뭐, 여자 문제 때문이라구? 상대는 어떤 처녀가? 처녀다면 결혼을 하면 되지 않나, 아니, 자네가 멀리 떠나겠다고 하는 것을 보니 처녀는 아니겠군, 김 기사! 충고 해 두지만 샛서방 노릇을 해서는 안돼. 설마 샛서방이 된 것은 아니겠지?"

"실은 그 때문에……."

"뭐, 간통을 했다고? 뭣 때문에 그런 위험한 짓을 했단 말인가? 아뭏든 자세히 이야기나 해보게."

"실은……, 제가 알고 있는 아저씨가 하도 친절하게 돌봐 주시기에, 저 역시 그 아저씨의 부인에게 잘 대해 드렸더니……."

"음, 그래서 어떻게 됐다는 건가?"

"그집 아주머니가 너무 친절하게 구는 바람에 저도 모르게 그만 일을 벌이고 말았습지요."

"음, 흔히 있을 수 있는 일이지. 친절의 도가 지나치면 그럴 수도 있겠지. 한데 그녀의 남편이 그 사실을 알아냈단 말이지?"

"예."

"뭐라고? 남편한테 들켰단 말이냐?"

"그러니 어떡하면 좋지요?"

"그렇다고 도망친다는 것은 오히려 현명하지 못한 방법인데, 그건 그렇고 어쩌다가 들키게 되었는지 그 과정을 자세히 이야기 해보게."

"실은 그녀의 남편이 외박을 하고 온다기에 마음놓고 일을 벌였더니 뜻밖에도 그때 돌아오고 말았어요."

"그래, 현장에서 들켰단 말인가?"

"아닙지요, 다행히 뒷문으로 빠져나갈 수는 있었지만, 그때 물건을 놓고 나와 버렸어요."

"바보 같으니라구! 간부 노릇을 하려면 똑똑히 해야지. 어리석게도 물건을 놓고 나오다니, 그래 대관절 무슨 물건을 잊었단 말인가?"

"예, 지갑을 잊고 나왔습지요."

"지갑을 잃었다고? 하긴 신분증과 돈이 들었을 테니 걱정도 되겠군."

"게다가 그 부인에게서 받은 편지마저 들어 있습니다."

"얼씨구! 편지마저……. 그런 건 받는 즉시 없애 버려야지. 아뭏든 바보 같은 짓을 했군, 여보! 김 기사가 글쎄, 불륜의 정을 통하다가 지갑을 놓고 나왔다는군."

그 말이 끝나자 그녀가 재빨리 말을 받았다.

"김 기사! 너무 걱정하지 마세요. 상대방은 남편이 없는 틈에 샛서방질을 할 수 있는 깜찍한 여자예요. 어련히 지갑을 잘 감추어 두었을라구요. 그런 짓을 할 수 있는 여자라면 매사에 빈틈 없을 거예요."

그녀는 말을 하면서 자기의 가슴을 손으로 두드렸다. 품속에 지갑이 들어 있다는 것을 은근히 표시하는 동작이었다.

그녀의 말이 끝나자 남편이 이런 말을 덧붙였다.

"그렇구 말구, 가령 지갑이 방바닥에 떨어져 있다고 하더라도 여편네마저 뺏길 사내라면 눈치채지 못할 게 틀림없어."

몸집이 큰 사내가 성기능도 그만큼 강렬한 것이라고 생각하는 것은 착각이다. 오히려 반비례될 가능성이 짙다.

2018
# 엄마의 눈

영필이가 오랜 지방출장에서 돌아온 밤이었다.

TV시청을 하고 있는데 갑자기 정전이 되었다. 그러자 아들 맹구에게 말했다.

"맹구야, 성냥 좀 찾아오너라."

"아버지, 난 어두워서 찾을 수 없어요. 엄마에게 찾으라고 하세요."

"엄마라고 어두운데 보이겠느냐?"

"엄마는 잘 보이나봐요. 늘 세탁소 아저씨가 깜깜한 한밤중에 찾아왔지만, 엄마는 아저씨 수염이 꼭 바늘같다고 하던걸요."

 연애와 전쟁은 수단 방법을 가리지 않는다. —영국 속담—

2019

# 아직 핥을 순 있다

6 · 25 동란 때의 일이었다. 연합군은 서울을 수복한 다음, 거리의 여자들을 모아 놓고 검진을 시작했다.

명령에 의해 검진소 앞에는 요란하게 차려입은 밤거리의 여자들이 길게 줄을 지어 차례를 기다리고 있었다.

직업이 직업이니만치 모인 여자들은 잠시도 쉬지 않고 지껄여대서 그 일대가 발칵 떠나가는 듯했다.

그런데 이때, 어느 신부님 댁에서 잔심부름을 하던 일흔 살 먹은 노파가 지나가다가 여자들을 보았다.

"이봐요, 아가씨들! 아가씨들은 왜 줄을 서 있는 거지?"

"설탕을 배급해 준대요. 그래서 기다리는 거라우."

뒷줄에 서 있던 한 여자가 키들키들 웃으며 대답했다.

"뭐, 설탕 배급이라구? 그럼 나도 서야지."

노파는 부리나케 줄의 꽁무니에 가서 붙어 섰다. 이것을 지켜 본 다른 여자들은 모두 허리를 쥐고 웃었다.

그때 마침 신부님이 그 곁을 지나가다 노파를 보고 소리 쳤다.

"아니, 할머니! 거긴 할머니가 늘어 서는 데가 아녜요."

그 말에 노파는 기운차게 소리쳤다.

"아니, 왜요? 신부님, 저는 이젠 옛날처럼 씹지는 못하지만 그래도 아직 핥을 순 있단 말예요!"

"??!!"

호탕하게 웃는 남자, 담배를 천천히 깊게 피우는 남자, 입 언저리를 만지는 남자는 정력적이다.

<sup>2020</sup>

# 요즘 여자들

두 노인이 길모퉁이에 서서 세상 돌아가는 꼴을 한탄하고 있었다. 그중 한 노인이 요즘의 큰 문제는 여자들이 남자일을 침범해서 하게된 것이라고 주장했다.

"여자들이 공장에서 일하지 않나, 주유소에서 일하지 않나, 버스에서 일하지 않나, 택시를 몰고 다니질 않나, 경찰관에다가 판사 노릇까지 하니 말이야."

이 격설이 막 끝나는 순간 두 젊은 여자가 마주치더니 반갑게 서로 껴안고 키스를 해댔다.

"저것 보게. 바로 내가 말한대로 남자가 할 일까지 여자들이 한다니까."

 여자가 여자의 나약함으로 무장할 때만큼 강한 것은 없다. ―데판 부인―

# 노름꾼의 프로 정신

2021

달호가 친구인 영필이의 애인 영자를 보자 그만 한눈에 반해 버려 추근추근 따라다니면서 못 살게 굴었다.

애인에게서 이 말을 들은 노름꾼 영필이가 달호를 끌고 다방 으로 갔다.

"이 자식아, 너 내 애인에게 반했다면서?"

"그렇게 됐어. 미안하다."

"못난 놈! 반할 여자가 없어서 그래, 친구 애인에게 반하다 니……. 이놈아 빨리 잊도록 해, 알았어?"

"거듭 미안하다. 나도 잊으려고 무척이나 노력했지만 안 되 는 걸 어떡하니."

달호가 울상을 지으며 변명했다. 그 모습을 잠자코 지켜보던 영필이가 마침내 이런 제의를 했다.

"네놈이 내 애인을 정말로 못 잊겠다면 나도 양보할 용의가 있어. 그러나 그냥 물러서기는 뭣하니까 우리 고스톱을 쳐서

결정짓기로 하자. 지면 깨끗이 단념하고, 이기면 차지하는 거
야. 어때, 좋지?"

"좋아, 그게 좋겠어."

이래서 고스톱을 치게 되었는데 영필이가 무엇을 생각했는지
화투를 다루던 손을 멈추었다.

"노름은 역시 돈을 걸어야 신명이 나는 법이지. 우리 그녀에
게 50만원을 걸기로 하지."

# 제3장

# 어쩐지 이상했어

현명한 사람은 그의 여성관을 결코 입에
담지 않는다. ─사무엘 버틀러─ 불행한 결혼의 반수는 당사자
한쪽이 불쌍한 기분이 나서 한 결혼이다. ─몽테로랑─
여자의 젖꼭지에 사마귀가 있으면 반드시
귀한 자식을 낳는다.

3001

# 오락세

부부 싸움을 한바탕 신나게 한 끝에 마누라를 후려갈긴 영필이가 경찰서에 끌려 갔다.

"여보슈, 부인을 그렇게 때리는 사람이 어디에 있소? 벌금이 11만원이니까 내셔야겠소."

영필이는 투덜거리며 그 자리에서 벌금을 냈다. 그러자 경찰이 말했다.

"앞으로는 부인을 때릴 때는 꼭 11만원이 든다는 걸 생각하슈!"

"그런데 여보시오, 10만원은 이해할 수 있지만 나머지 만원은 또 뭡니까?"

영필이가 뾰로통한 얼굴로 묻자 경찰은 간단하게 대답했다.

"아, 그거요? 오락세입니다."

청년 시절의 불장난은 노인 시절의 화근이 된다.

### 3002
# 맞아도 싸다

영필이가 3년 동안의 해외 근무를 마치고 고국으로 돌아오게 되었다.

그 기쁜 소식에 아내 영자는 푸짐한 음식과 술을 준비하고 친지들을 초대했다.

마침내 남편이 돌아오자 그녀는 새로 사입은 옷으로 단장할 뿐만 아니라 곱게 화장까지 했다.

많은 선물을 갖고 돌아 온 영필이는 이러한 아내를 보자 마음이 설레었다. 그러나 손님들 때문에 손목 한번 만져보지 못하고 손님이 가기만을 학수 고대 했는데…….

드디어 손님들이 모두 돌아가자 두 내외는 서둘러 침실로 들었다. 몇 해만에 함께 지내는 오붓한 밤, 마음이 두근 거렸다.

그런데 둘째 아들은 젖먹이 때 헤어졌으므로 아버지의 얼굴을 기억하지 못하고 한사코 낯을 가린다.

"엄마, 저 사람은 누구야?"

하며 아버지를 멀뚱멀뚱 쳐다보는 것이었다. 다행히 큰아들 맹구는 자리에 눕자마자 잠이 들었으므로 두 부부는 작은놈을 재우려고 무척 애를 썼지만 아이는 칭얼대기만 한다. 마음은 급하고 아이는 보채기만 하자 영자는,

"아가야, 지금부터 아빠와 엄마가 말타기 장난을 보여 줄테니 잘 봐라!"

하며 잔뜩 화가 난 남편의 배 위에 올라탔다.

그녀는 어린 아들에게 승마법이라도 가르쳐 주려는 듯 여성 상위법을 그대로 실천하는 것이었다.

이렇게라도 하는 것이 두 내외의 갈증을 푸는 유일한 방법이었던 것이다.

엄마 아빠가 하는 거칠은 놀이를 바라보던 작은 놈은 더욱 겁에 질려 엄마의 잔등으로 기어 올랐다.

그러자 영필이는 마침내 화를 내며 작은녀석을 한 대 갈겼다. 그러자 아이는 더욱 크게 울어버렸고 그때 자는 줄만 알았던 큰아들이 동생을 나무랬다.

"맞아도 싸지 싸! 흥미있는 연극을 보여주는데 무대로 올라가는 놈이 어디있냐?"

여성의 이의 제기는 응석일 뿐이다. 그런 항의를 무시해 버리고 강인하게 리드해 주기를 내심 바라는 경우가 많다.

### 3003

눈요기

어느 여름, 나는 고향 친구들과 경포대 해수욕장에 갔었다. 인적이 드문 곳에서 술잔을 나누면서 게임을 즐겼는데, 친구들은 게임에 진 나를 모래 속에 파묻고 얼굴 위에는 신문지를 덮어 씌우고 어디론지 도망쳐 버렸다.

한동안 그대로 가만히 있으니까 지난 밤에 밤새도록 놀았고, 그 전에는 연일 계속해서 글을 썼기 때문인지, 피로가 쌓여 이내 잠이 들었다.

한 시간이나 되었을까. 문득 눈을 떠보니 주위는 벌써 어두워져 있었다. 몸을 일으키려 했으나 바로 가까이에 사람 소리가 나기에 신문 밑으로 몰래 엿보았다.

그랬더니 겨우 1미터쯤 떨어진 앞에서 아베크 남녀가 껴안고 있었다. 유감스럽게도 얼굴은 보이지 않았지만 허리 밑으로는 꽤나 똑똑히 보였다.

남자의 손이 열심히 여자의 핑크색 수영복을 벗기려 하고 있었다. 여자도 마음이 전혀 끌리지 않는 것은 아니었다. 자못 뇌살적인 엉덩이를 약간 들어 주자 수영복이 홀렁 벗겨지고 하얀 하복부가 드러났다.

그곳은 으슥진 곳이라 한낮에도 사람이 많지 않은 곳이었다. 그런 사실 때문에 용기가 생겼는지는 모르지만……, 바로 목전에 내가 모래 속에 파묻혀 있는 것쯤 알 수 있지 않은가? 그들이 신경이 둔했을까? 어쨌든 이상한 남녀였다.

하지만 그런 것은 아무래도 상관 없다. 나로서는 뜻하지 않은 눈요기를 하게 되었으니 운이 좋은 셈이었다. 나는 꼼짝하지 않고―숨소리마저 죽여가면서―신문 밑으로 엿보고 있었다.

남자의 손이 여자의 하복부를 미끄러져 내려가서 새까만 풀숲에 다가갔다. 여자가 두 다리를 약간 움직여 주었다. 그러자 핑크 빛으로 젖은 살덩이가 내 눈앞에 정면으로 나타났다. 싱싱하고 빛나는 조개빛이었다.

그리고 다음에는 거침없이 그것을 위한 코스로 달려 갔다. 더듬고, 벌리고, 빨고, 핥고, 요동을 치고. 두 사람은 거의 30분간이나 그렇게 비벼 대더니 이윽고 수영복을 입기 시작했다. 잠시 후 신문 너머로 두 사람의 말 소리가 들렸다.

"당신, 오늘은 최고야! 정말 끝내줬어. 두 번씩이나 오르가즘을 느끼고……."

그 말에 여자가 코맹맹이 소리로 대답했다.

"놀리면 싫어요. 알고 있으면서 괜히, 누군가가 엿보고 있으면 난 언제든지 그렇게 흥분된다는걸."

그 마지막 말이 나를 한없이 당황시켰다. 에잇, ××년!

결혼이란 새장과 같다. 밖에 있는 새들은 필사적으로 새장 안에 들어 갈려고 하고 새장 안
에 있는 새들은 한사코 밖으로 나올려고 한다.  ─몽테뉴─

3004

# 바보 신랑

순진하다고 할까, 아니면 천하의 바보라고나 할까. 한 어리석은 총각이 장가를 들었는데 남녀가 치루는 그 일을 알지 못하였다. 혼례를 치루기에 앞서 선배나 친구들에게서 대강은 가르침을 받았으나 실제 교육은 한 번도 받지 못했다.

아기다리 고기다리 던첫날밤, 그 바보는 가르침을 받은 대로 신부의 배 위에 오르기까지는 하였으나 그 다음에 어찌할 것인지를 알지 못하였다. 발가벗은 알몸으로 행동하였던 것인 만큼 바보의 그것이 정처 없이 신부의 하복부 근방을 헤매이기만 했다.

그러던 중에 참으로 우연히 신부의 그곳으로 스르르 미끌어 들어갔다.

"아아~ 아파요."

이쯤 되면 신랑된 자, 마땅히 쾌재를 불러야 한다. 그런데 이 바보는 대경 실색을 하며 옷을 입을 겨를도 없이 잡히는 대로 옷을 집어 들고 용수철이 튀듯 집 밖으로 달아났다.

겁에 질린 바보는 자기 집으로 돌아가지도 않고 절간에 가서 며칠을 숨어 있었다. 그러다가 하루는 어두워진 뒤에야 살금살금 이웃 마을로 가서 길 가는 사람에게 물었다.

"여보시오, 말좀 물읍시다."

"물으시오."

"저 이웃 동네의 아무개 집 신부가 첫날밤에 뱃가죽이 뚫렸다는 말을 들었는데, 목숨에는 이상이 없었던가요?"

"신부의 목숨에는 이상이 없고……, 신랑 그 바보같은 놈이 일을 치루다말고 갑자기 도망쳤다고 합디다 그려. 쯧쯧."

남자의 육체 곳곳에는 여자의 손으로 불을 질러줘야 할 부분이 무수히 존재한다. —마광수—

3005

## 감각

영자와 순자가 혼잡한 지하철을 타고 있었다.

사람이 자꾸 밀려오자 영자의 등뒤에 있던 사나이가 그녀에게 바싹 몸을 갖다 대었다.

꼼짝도 할 수 없던 순자에게 속삭였다.

"얘! 내 등뒤에 바싹 붙어선 남자 미남자니?"

"글쎄……."

순자는 슬쩍 곁눈질로 그 사나이를 훑어본 다음,

"과히 미남은 아니지만 아뭏든 젊은 남자다."

"아이 바보! 누가 그걸 몰라서 물은 줄 알아? 돌아 보지 않아도 내 엉덩이의 감각으로 그가 젊었다는 것쯤은 알 수 있어!"

## 3006

# 염치도 좋다

어떤 절의 뒷마당에 아름드리 감나무가 서너 그루 서 있었다. 가을이 되자 붉은감이 주렁주렁 탐스럽게 익었다.

어느 날 영필이가 지나가다가 이를 보고, 마침 배도 고프고 하여 슬그머니 감나무에 올라가 감을 따먹고 있었다. 그런데 공교롭게도 젊은 중 하나가 여자를 데리고 감나무 바로 밑 수풀속에 앉았다.

가만히 눈치를 보니 불공을 드리러온 여자를 젊은 중이 꾀고 있는 모양이었다. 중이 뭐라고 말하자 여자가 대답하였다.

"안 돼요. 암만 말씀하셔도 난 과부니까 아이라도 생기게되면 온 동네의 입길에 오르내릴까 무서워요."

이에 중은 태연스럽게 받아넘긴다.

"아무 걱정할 것 없어. 내가 다 알아 할 테니까, 그런 실수는 안 해요. 이승에선 쓸데 없는 걱정을 다 걷어치우고 부처님께서 점지하신 즐거움을 누리는 게 좋을거야."

그렇게 말한 젊은 중은 가사를 들치며 과부의 손을 슬그머니 끌었다.

이쯤되니 과부도 유혹을 못이겨 그 자리에서 부처님께서 점지하신 즐거움을 누리게끔 되었다.

둘이 다 오래간만에 치르는 일이라, 절로 터지는 희열의 괴성이 감나무를 흔들 지경이었다.

이윽고 일이 끝나자, 계집은 풀밭에 일어나 앉아서 또 중얼대었다.

"저질러서 안될 일을 저질렀으니 만약 애라도 생기면 어떻게 해야 하지요?"

"또 그런 걱정. 글쎄 안심하래두 그래! 애가 생긴다 해두 위에서 내려다 보시는 분께서 다 뒷갈망을 해 주실텐데 뭘."

그 말을 듣자, 아까부터 숨을 죽여가며 보고 있던 영필이가 깜짝 놀라 외쳤다.

"텍도 없는 소리 하덜 말어! 재미는 저희들끼리 보구, 뒷갈망은 내게다 시키겠다고? 염치도 좋다."

이에 젊은 중은 소스라치게 놀라, 풀밭에 푹 엎드려 떨면서 중얼거렸다.

"나무아미타불 관세음보살."

여자의 추측은 남자의 확실함보다 훨씬 정확하다. ―키플링―

3007

# 드릴 만점

'일도(一盜), 이비(二婢), 삼첩(三妾), 사기(四妓), 오처(五妻)'라는 말이 있다.

이것은 예로부터 전해 내려와 널리 알려진, 정사의 짜릿한 재미를 순서대로 나열한 말이다. 이 말에 필자도 동감이다. 또한 이 글을 읽는 대부분의 남성 독자께서도 그러리라고 믿는다.

남자들은 신혼 당시에 누구나 매일밤 그 일을 치른다.

그러나 적잖은 신부들은 즐거움보다는 고통을 더 느낀다. 그렇지만 날이 감에 따라 신부는 차츰 고통이 사라지고 쾌감을 느끼기 시작한다.

필자의 경험론적인 이야기지만, 그렇게 되면 남자들은 더욱 신이나서 오늘은 이렇게 내일은 저렇게 밤마다 기교를 바꿔가며 그 일에 열과 성을 다한다.

드디어 신부는 부끄러움도 잊고 숨을 할딱거리며 교성을 지른다. 이쯤 되면 남자들은 만족한 미소를 짓는다.

그러나 결혼한 지 6개월 내지 2년이 지나면 아내가 교성을 질러도 그다지 신통해 보이지 않는다.

또한 아내가 아무리 미인이라 하더라도 매일 보노라면 싫증이 나기 마련이다.

거기에 반하여 아내는 일단 육체적인 기쁨을 느끼게 되면 싫증은 커녕 오히려 적극적으로 남편의 육체를 요구하게 된다.

대개 남자의 섹스는 지성적(知性的)이고 시각적(視覚的)이어서 경험을 거듭할수록 권태를 느끼지만, 여자의 섹스는 감성적이며 촉각적(觸覚的)이어서 단련을 받을수록 더욱 즐거움을 느끼게 된다.

결국 남편은 아내에게 쾌감의 이모저모를 가르쳐 놓은 것을 후회하게 된다.

왜냐고? 아내가 자꾸만 남편에게 보채기 때문에…….

"우리 남편은 겉보기와는 달리 그게 매우 약해요. 그래서 한 달에 한 번, 어떤 때는 두 달만에 한 번쯤 나를 즐겁게 해줄 뿐이예요. 그러고도 이튿날에는 머리가 아프네 하고 드러눕기가 일쑤니 속이 상해 죽겠어요."

"그렇다면 좋은 약이 있어요. 우선 우엉, 참마, 마늘, 뱀장어, 생사탕 등을 매일 먹게 하세요."

"그게 그렇게도 좋은가요?"

"호호, 결과는 직접 해보시고 느끼세요. 틀림없이 제게 절하고 싶은 마음이 들거예요."

부인은 그 길로 집으로 돌아와서 우엉, 참마, 마늘, 뱀장어 구이 등을 준비하여 남편을 기다린다.

이윽고 집에 돌아온 남편은 저녁밥과 함께 그 요리를 다 먹어 치운다. 그리고는 밤중이 되어 아내를 흔들어 깨운다.

"이봐! 불좀 켜."

이제나 저제나 하고 기다리던 아내는 돌아 누우며 코먹은 소리를 낸다.

"에잉~, 어두운 것이 더 좋잖아요."

"어두운 것이 좋긴 뭐가 좋아. 이봐, 휴지가 어디 있어?"

"휴지는 나중에 찾아도 되잖아요."

"무슨 잠꼬대 같은 소릴 하고 있어. 화장실에 가고 싶단 말야, 급하니까 빨리 휴지나 줘!"

파울 플레이다. 앞으로 힘이 모아지기를 바라고 준비했던 스테미너식품들이 뒤로 쏟아져버린 경우이다.

화장실에 다녀온 남편은 곧바로 등을 보이고 누워 코를 곤다. 그 등을 바라보는 아내의 눈길이 곱지 않다. 아마 모르기는 해도, 속으로 '18, C발'을 잠들 때까지 되뇌일른지도 모른다.

다음 날 아침, 아내의 기분이 좋을리가 없다. 아침이 부실하기 그지 없다. 죄 없는 아이의 머리통을 쥐어 박는 경우도 있다. 애비가 미우면 새끼도 미운 법이니까.

이쯤 되면 남편은 아내가 싫어진다. 그리고 바람을 피우고 싶다. 그 바람 피울 상대자로는 가장 손쉬운 것이 창녀다.

창녀는 돈으로 간단히 살 수 있다. 또 아내를 배반했다는 죄책감 없이 마음놓고 그녀들을 희롱할 수 있다. 물론 아내와의 그것 보다 한층 더 재미도 있다.

그러나 창녀와 바람을 피우다보면 어쩐지 자꾸만 허전해진다. 남자의 독점욕을 만족시킬 수가 없기 때문이다.

그래서 다음에는 첩을 얻게 된다. 첩은 독점할 수 있을 뿐만 아니라 아내에 대한 죄책감을 강하게 느끼게 된다.

사람의 심리란 이상한 것이어서, 특히 섹스에 있어서 죄책감은 더욱 짜릿한 흥분을 유발시키는 것이어서 창녀에게서는 느낄 수 없는 재미를 느끼게 된다.

그러나 시일이 지날수록 특정한 상대자이므로 차츰 권태를 느끼게 된다. 그런 점에서는 아내와 비슷하다.

한편 섹스란 보다 강한 자극을 요구하게 되는 성질을 지니고 있다. 그러나 자극은 또한 경험할수록 자극으로써의 기능을 상실하게 된다.

그런데도 강한 자극, 새로운 자극만을 추구하는 것이 인간의 상정이고 보니 가엾기도 한 일이다.

그래서 일부의 남자들은 가장 강한 자극을 추구하여 강간을 하게 된다. 그 강간의 가장 손쉬운 상대자가 자기가 부리고 있는 종업원이나 가정부이다. 곧 아내의 눈을 피해 한 지붕 밑에 있는 젊은 여인을 범한다는 것은 드릴이 만점이기 때문에 죄책감을 느끼면서 강간을 하는 것이다. 서로 눈이 맞을 경우에는 간통이 된다.

또한 남의 아내와 즐기는 정사는 그녀의 남편에게 발견될 경우를 생각하기 때문에 최상의 드릴을 맛보게 된다. 그리고 유부녀인 경우, 그 섹스는 남편으로부터 여러 가지 훈련을 받았기 때문에 독신녀보다 훨씬 감칠맛이 있는 것이다.

여자를 아는 남자에게 있어서는 유부녀의 육체만큼 짙은 매력을 풍겨 주는 것이 없다. 남편의 노력으로 섹스가 잘 개발되어 있기 때문이다.

그래서 일단 간통에 맛을 들인 사나이는 어떠한 위험도 불사하게 되는 것이다.

될 수 있는 대로 빨리 결혼해야 하는 것은 여자의 할 일이요, 될 수 있는 대로 결혼하지 않은 상태로 있는 것은 남자의 할 일이다. ─버나드 쇼─

3008

# 섹스의 최면요법

어느 날 부터인가 영필이의 정력이 형편 없이 떨어졌다. 부인인 영자의 입장에서보면 분통이 터질 일이었다. 가뭄에 콩 나듯 한 번씩 치루는 그 일도 문전만 더럽히다마니 그럴 수 밖에.

저조한 부부생활에 고민하던 끝에 영자가 남편 영필이를 설득하여 최면요법을 쓰기로 했다. 과연 효과가 있었다. 섹스에 대한 집착이 흡사 신혼 때와도 같았다. 그런데 이상한 것은 행위 도중에 몇번이나 침실 밖으로 뛰어 나가곤 했다.

며칠이 지난 어느 날도 그랬다. 그날은 영자가 호기심에 못 이겨 남편을 뒤쫓아 나갔다. 발끝 걸음으로 살짝 다가가보니 남편은 거울 앞에 서서 이렇게 중얼거리고 있었다.

"저 여자는 내 마누라가 아니다. 저 여자는 내 마누라가 아니다……."

남성은 강할수록 좋다. 정력비방 Point ❺

## 여자는 밀착 섹스를 더 좋아한다

흔히 남자들은 일단 삽입한 후 열심히 피스톤운동을 해야만이 여자가 흥분하는 것으로 알고 있다. 그러나 이것은 여자를 모르는 무지의 소치다.

여자에게 있어 질속의 쾌감은 오직 상대 남성과의 일체감에서 생기는 심리적인 것에 불과하다. 여자는 질내보다는 오히려 크리토리스나 음순과 같은 외음부쪽에 더 자극을 느낀다. 그러므로 무턱대고 피스톤운동을 하기보다는 상대 여자의 외음부에 치골(恥滑)을 밀착시키고 움직이지 않는쪽이 더 자극적이다.

삽입 후에 그대로 페니스를 움직이지 말고 키스를 한다든가, 젖꼭지를 애무한다든가, 힘차게 껴안아 주는 것이 훨씬 효과적이다. 삽입한채로 치골이나 음낭을 여자의 치골이나 음순에 대고 밀어붙이면 여자는 그 감촉으로 더 흥분된다. 이때 밀어대면서 전후좌우로 사리살살 돌려주면 더욱 효과적이다.

이런 밀착섹스는 남자의 지속력 유지에도 효과가 있다.

## 독신자들은 구기자를 먹어서는 안된다
▼

　구기자는 하수오, 인삼과 함께 3대 정력초로 꼽힌다. "정기를 보강하고 폐와 신장의 기능을 촉진한다. 자연히 눈도 밝게하여 마치 꺼져가는 등잔불에 기름을 붓는 것과 같다"고 한다.

　또 속담에는 '독신자들은 구기자를 먹어서는 안된다'고 하는데 이는 구기자가 강정제와 불로장생의 묘약임을 강조하는 말이다.

　일본 에도 시대에 90이 넘은 노인이 있었는데 그의 정력은 장년보다도 좋았다고 한다. 그 비결을 알아본 결과 그 집 우물 옆에 구기자 나무가 있었는데 그 노인의 정력은 바로 구기자 나무 뿌리에서 오는 효과라는 것이다.

　일본 의학서에는 구기자를 '양생(養生)선약'이라 표현한다. 허약체질로 병이 많아 일찍 늙어버린 사람이 중년이 지나서 밖으로 나가지도 못할만큼 늙어버렸는데 어떤 사람의 소개로 구기자를 복용한 이후로는 무슨 병이 있었다는 것조차 잊어버리게 되었다는 기록도 있다. 매일 구기자를 먹으니 복부가 부드러워지고 정신이 맑아져 마치 신선이라도 된 듯한 기분이었고 구기자의 열매를 달여서 차대신 매일 마셨더니 3,4년 후에는 고질병이 완치되었고 5,6년 후에는 아주 건강하게 되었다는 것이다.

　따라서 옛부터 구기자는 부부화합의 비주(秘酒)로 전해 내려오고 있다.

　재료로는 구기자 100g에 소주 1ℓ가 필요하다. 이 재료들을 잘 섞은 후 병에 넣고 입구를 봉하여 1,2개월 정도 지난 후 먹으면 된다.

3009

## 아뿔싸!

　서울의 러시아워, 그때의 전철은 그야말로 지옥을 방불케
한다. 그래서 '지옥철'이라 하는가.

　언젠가 나는 바나나 세 개를 사들고 퇴근 길에 1호선 전철을
탔다. 그날도 예외 없이 전철안은 초만원이었다. 나는 승객들
틈바구니 속에서 바나나가 뭉그러지지 않게끔 양쪽 주머니에
하나씩 넣고 나머지 하나는 뒷주머니에 넣었다.

　그러나 숨통이 막힐 듯한 초만원 전철에서 이리 밀리고 저리
밀리는 바람에 양쪽 주머니에 넣어 둔 바나나는 으깨지고 말
았다, 아차! 하고 손을 겨우 돌려 뒷주머니를 살펴 보니 다행
히 그것만은 까딱 없었다. 나는 그것마저 으깨질까봐 절대 보
호 조치를 취해 꼭 움켜 쥐고 있었다.

　얼마 후, 내 바로 뒤에 서 있던 군인이 내 어깨를 툭툭 쳤다.
"왜 그러시오!"

내가 고개를 돌리며 성을 냈다. 그러자 군인은 얼굴을 살짝 붉히며 조그마한 소리로 이렇게 말했다.

"아저씨! 저는 다음 정거장에서 내려야 하니 이젠 그만 놓아 주십시오."

그 말을 이상하게 생각한 나는 꼭 쥐고 있던 바나나를 들어 보이려고 위로 잡아 올렸다. 그랬더니 군인이 "아얏!" 하고 비명을 지르며 얼굴을 찌푸리는 것이었다.

아뿔싸! 내가 바나나로 알고 쥐고 있었던 것이 군인의 그것이었던 것이다.

거듭거듭 이들은 그 많은 죽음의 압박에 대항하여 비명을 지른다. 한 애인의 죽음뿐 아니라 친구들, 친구의 친구들, 수십 명이 죽어 마침내 그들에게 존재하는 것은 AIDS뿐이고 AIDS만 존재하리라 생각될 때까지 죽어만 간다.  ─그로스─

＊AIDS로 애인을 잃은 사람들의 모임에 대해

3010

# 호스테스의 이름

술집 호스테스란 으레 손님으로부터 희롱과 유혹을 받기 마련이다. 또 그것이 당연하다고 필자는 생각하고 있다. 왜냐하면 사내들이 비싼 술값을 감수하면서도 그런 집을 찾는 것은 부담없이 여자를 희롱하고 싶기 때문이다.

어느 날이던가. 친한 문우들과 함께 충무로에 있는 단골 룸 싸롱에 들어갔다.

얼굴이 익은 호스테스들이 우리의 옆자리를 꿰차고 앉아 히히덕거리며 안주를 축냈다.

"제발 안주 좀 그만 먹어라."

소설가 K씨가 그렇게 말하며 대담하게 옆자리의 호스테스 젖가슴을 더듬었다. 그녀도 과히 싫지는 않은 듯 젖가슴을 맡기며 이렇게 말을 받았다.

"에잉, 이런 재미에 손님 자리에 앉지 뭐."

이런저런 수작을 벌이며 권커니 잣커니 술잔을 벌이고 있는데 밖에서 소란이 일어났다.

"왜 때려!"

앙칼진 여자의 목소리가 들리고, 뒤를 이어 걸걸한 남자의 목소리가 들렸다.

"이년들아! 네년들을 만지려고 비싼 술값내고 여기왔지 모셔놓고 보려고 온줄 아나 앙! 뭣같은 년들이 꼴깝을 떨고 있어 그래."

그 손님은 그런 후 횅하니 나가 버렸다. 그녀가 불쾌한 얼굴로 우리들의 방으로 들어왔다.

사연인즉슨 이러했다. 미화라는 이름의 호스테스가 그 손님 방에 들어갔는데 너무 짓궂게 — 스커트 속의 그곳까지 주물럭거리며 — 장난을 치더라는 것이었다.

견디다 못해 쌀쌀맞게 대했더니 불같이 화를 낸 것이었다.

"닳지도 않는데 좀 만지게 하면 어때."

내가 그렇게 말하자 그녀는 곱게 눈을 흘겼다.

"장난도 정도가 있어야죠."

"그래도 손님인데 친절하게 대해야지. 안 그래?"

나는 그렇게 말하면서 그녀의 허벅지를 만졌다. 매끈한 감촉이 좋았다.

"너무 짓궂은 손님을 맞으면 속상해요."

"그렇다면 내가 임기 응변의 지혜를 하나 알려 주지."

"뭔데요?"

"이름을 바꾸는거야."

"이름을 바꾸라구요?"

"그래, 지금부터 참 진(眞) 자에 구슬 주(珠) 자를 써서 '진주'라고 해."

"진주, 진주라……. 이름은 괜찮은데, 왜 이 이름이 좋다는 거죠?"

나는 유방처럼 생긴 술잔에 반쯤 담긴 호박빛 액체를 입에 털어 넣은 후 이렇게 일렀다.

"처음으로 너를 본 손님들은 으레 이름을 묻지?"

"그래요."

"그때 이름을 '진주'라고 하면 일반적으로 많은 사람들은 보석 진주를 생각하게 되지. 그래서 이런 수작을 붙일거야. '진주라! 어때, 비싼 진주인가?'하고."

"그럴 듯 하네요."

"그땐 이렇게 대답하는거야."

"어떻게요?"

"그렇지 못해요. 그저 돼지들에게 던져진 진주죠 뭐."


그 후 호스테스 미화는 진주가 되었다. 들리는 말에 의하면 '진주'라는 이름을 유용하게 써 먹고 있다 한다.

인간은 이성이라는 미명하에 비이성적인 행동을 할 수 있는 유일한 피조물이다. ―몬테규―

3011

# 바꿨으면……

잠자리에 든 영필이가 아내 영자에게 말한다.

"달호 그녀석 망칙한 병이 생겼더군!"

"어떤 병인데요?"

"시도 때도 없이 그것이 빳빳해져서 고생이 대단해."

이 말을 들은 영자는 사뭇 부럽다는 말투로 이렇게 말했다.

"당신 것과 바꿨으면 좋겠네요."

여름 총각들은 여름의 산들바람과 마찬가지로, 결코 겉보기만큼 시원스럽지 않다.  —에프론

3012

# 양귀비와 장비

영필이와 달호가 속해 있는 산악회가 지리산 등반을 갔다. 회원들은 해질 무렵에 갑자기 소나기를 만나 급히 하산을 했는데, 달호 혼자만이 낙오했다.

칠흑같이 어두운 산길을 무서움에 떨며 내려오던 달호는 다 쓰러져가는 오막을 발견하여 그곳에서 비를 피했다.

시간이 얼마나 흘렀을까. 달호가 막 잠에 들려고 하는데 밖에서 누가 노크하는 소리가 들렸다.

"누구요?"

"저어……, 비예요."

쟁반에 옥구슬을 굴리는 듯한 여자의 목소리에 문을 열어보니 뜻밖에도 거기에는 천하의 절색 양귀비가 서 있었다.

그리하여 둘은 즐거운 밤을 보냈다.

다음 날 달호에게서 이 이야기를 들은 영필이가 부쩍 샘이 났다. 그래서 일부러 혼자 낙오했다.

그 날도 역시 해질 무렵부터 비가내렸다. 비를 쫄딱 맞고 산 길을 헤매이던 영필이는 마침내 달호가 말했던 장소의 오막을 발견했다.

말로만 들었던 양귀비, 천하의 절색 양귀비와 즐거운 밤을 보낼 수 있다는 희망에 영필이는 벌써부터 자지 끝이 저렸다.

기다림으로 적지 않은 시간을 보냈다. 더디게 흐르는 시간을 얼마나 보냈을 때, 역시 노크 소리가 들렸다.

"누구요?"

영필이가 은근한 목소리로 묻자 밖에서 대답했다.

"비예요!"

'옳거니 양귀비가 왔구나!' 영필이는 마음 속으로 쾌재를 부르며 문을 열었다. 아니 그런데 웬일인가! 거기에는 텁석부리 건장한 사나이가 눈을 부라리며 이렇게 소리치는 것이었다.

"나는 장비다. 어서 후장 대라!"

침실에서의 생활이 잘 되면, 모든 일에도 잘 된다. —마스터스—

3013

## 키스 상대

영필이가 아내에게 말했다.

"달호는 요즘 제정신이 아닌 것같이 멍청해 있어. 글쎄, 며칠 전에 실수로 엉뚱한 여자에게 키스를 했다지 뭐야!"

"그녀를 마누라로 잘못 알았던가 보지요?"

"아냐, 그게 아냐! 키스하고 보니 그녀가 바로 마누라였다지 뭐야."

남자를 유혹할 수 없는 여자는 또한 남자를 구제할 수도 없는 것이다.  —키에르케고르—

3014

# 백주 대낮에 그게 뭐람

영필이 부부가 대낮인데도 끓어오르는 욕정을 도저히 참을 수 없었다. 그런데 코흘리개 아들 맹구가 방에 있어 어떻게 할 수가 없었다. 생각 끝에 영필이가 말했다.

"맹구야, 너 잠깐 순자 아줌마 집에 놀러가지 않으련? 순자 아줌마가 너를 보고 싶다고 하더라."

"응, 그럴께."

맹구는 두말도 않고 옆집으로 갔다. 그러자 영필이 부부는 곧바로 그 일을 시작하여 맘놓고 심취하기 시작했다. 한창 열락을 오르내리고 있는데 맹구가 어느 틈엔가 돌아와 부모가 하는 짓을 멍청히 바라보고 있는 것이었다. 이것을 안 영자가 기겁을 하며 소리쳤다.

"아니, 왜 벌써 왔어?"

"아줌마가 가래요. 옆집에서도 지금 엄마 아빠가 하는 똑같은 짓을 하고 있었어……"

그 말을 들은 영자는 부어터진 얼굴로 나직하게 중얼거렸다.

"미친년, 밤까지 못참고 백주 대낮에. 그게 뭐람……."

나는 나체주의자 야영장 안에 있는 모기와 비슷하다. 내가 해야 할 일은 알고 있으나 어디서부터 시작해야 할지를 모르겠다.(알몸의 어느 부분부터 빨아 먹어야 할 지 모르겠다.)

—베인—

3015
# 두 개의 팬티

그녀에게는 남편 외에도 숨겨 둔 정부가 있었다.

남편이 출타한 어느 날 밤, 그녀는 정부를 몰래 끌어들여 쾌락을 누렸다.

벌리고 핥고, 빨고, 뼈마디가 느슨해지도록 정사를 한 후였으므로, 두 사람은 피곤한 나머지 정신 없이 잠에 취했다.

이때, 강도가 이들이 자는 방으로 침입했다.

'얼씨구, 벌거벗은 채 얼싸안고 정신 없이 자고 있네.'

강도는 부아가 난다는 듯 혀를 차면서 그들의 베개를 냅다 걷어찼다.

"요 년놈들, 냉큼 일어나지 못해!"

그녀와 정부는 단꿈을 꾸다가, 이것이 웬 청천 벽력이냐 싶어 기겁을 하며 일어났다.

여자는, 처음에는 제 남편이 갑작스레 돌아온 것으로 알았는데, 눈 앞에 시퍼런 칼을 들고 있는 강도를 보자 그만 사색이 되어 몸을 사시나무처럼 떨었다.

"소리치면 죽여버리겠어!"

강도는 무섭게 으름장을 놓으면서 정부에게 바싹 다가갔다.

"요놈, 너는 묶여 있어야겠어."

강도는 넥타이로 정부를 꽁꽁 묶었다. 그리고나서 여자를 찬찬히 바라 보았다.

'있는 돈을 모조리 내놓아라!'고 공갈을 할 셈이었지만, 여자의 허연 허벅지와 매끈한 알몸을 보자 생각이 달라졌다.

"고년 탱탱하군, 정말 탱탱해!"

강도는 침을 꿀꺽 삼키고 나서 여자의 알몸을 다짜고짜 끌어안았다.

"안 돼요."

여자는 처음에는 숨도 못쉴만큼 공포에 떨고 있었지만, 강도가 자기의 몸을 탐하는 것을 보고 적이 마음이 가라 앉으면서 한편으로 은근한 호기심이 치솟았다.

그래서 여자는, 입으로는 싫다고 되풀이하면서도 다리에 힘을 빼고 무너지듯 쓰러지며 무방비 태세가 되었다.

이에 용기 백배한 강도는 재빨리 바지를 벗고 팬티까지 벗었다. 그런 후 웃목에 웃도리만 입은 채 묶여 있는 정부의 머리에 냄새나는 팬티를 씌웠다.

"미안, 딱 한 번만 할께."

이리하여 바야흐로……, 또 하나의 역사가 이뤄질 순간이었다.

그때였다. 현관 문을 두드리는 소리가 요란하게 났다.

"여보, 여보!"

여자의 남편 목소리였다.

강도는 당황한 나머지 방바닥의 바지만을 주워들고 똥줄이 빠지게 뒷문으로 도망쳤다.

그 강도와 교대나 하듯 여자의 남편이 화가 잔뜩 난 얼굴로 들어왔다.

"이봐, 귀가 먹었어! 아무리 불러도 기척이 없길래 담을 넘어 들어온 거야."

남편은 그렇게 아내를 꾸짖다가, 팬티를 머리에 뒤집어 쓰고 웃도리만 걸친 채로 묶여 있는 사나이를 발견했다.

"누구야, 저놈은?"

아내는 대답이 궁해서 입만 벙긋거리다가 저도 모르게 이렇게 말했다.

"강도예요."

"뭣? 강도라니!"

"예, 글쎄 저놈의 강도가 내게 덤벼들지를 않겠어요. 그래서 본때를 보여 이렇게 묶어 버렸어요."

"흐음, 굉장한 실력인데 그래! 그리고 대갈통에 팬티를 씌워놓은 것은 썩 재미있는 발상이야."

남편은 이렇게 말하면서 팬티 쓴 사나이의 대갈통을 세차게 쥐어 박은 후,

"빨리 전화를 걸어 경찰에 알려야겠어."

하면서 수화기를 들려고 했다. 이때 여자가 남편을 간드러진 목소리로 불렀다.

"여보……."

"왜?"

"어쩐지 이 강도가 불쌍해지네요. 남자도 없는 집에 침입한 절호의 기회에 연약한 여자에게 묶였으니 말예요. 저 강도의 입장에서는 정말 분할거예요. 그렇죠?"

"그렇겠지……. 멍청한 놈, 여자에게 붙잡힐 놈이 강도짓을 해!"

"우린 아무런 피해를 입지 않았으니 그냥 풀어줍시다요."

남편은 내심 불만이었으나, 아내의 말을 따라 사나이를 밖으로 내보냈다.

그런 후, 부부는 잠자리에 들었다. 한바탕 소란이 있은 직후라서인지 그런지 몰라도 격렬한 사랑을 나눴다. 일을 끝내고 나서 마침내 남편은 두 개의 남자 팬티를 발견했다. 하나는 자신의 것이었지만 다른 하나는 처음보는 타인의 것이었다.

"이것, 누구 팬티야? 웬놈의 남자 팬티가 이불속에 있어?"

남편은 의심스럽다는 듯이 아내를 노려 보았다. 그러나 아내는 시치미를 딱 떼고 말했다.

"아마도 아까 그 강도의 것이겠지요."

"그 강도는 머리에 팬티를 쓴 채로 나갔잖아!"

"아마 그 강도놈이 바지가 없어서 팬티를 바지 대신에 껴입고 있었던 모양이죠?"

3016
# 다음 말이 중요해

한밤중에 외출했다가 기숙사로 돌아온 영자가 들뜬 목소리로 룸메이트인 순자에게 이렇게 말했다.

"영필 씨 그인 말야, 숲속으로 들어가자마자 이상한 짓을 하잖겠어."

"무슨 짓을?"

"글쎄, 날 느닷 없이 끌어안고 키스하더니 그대로 풀밭 속으로 쓰러지지를 않겠니 그래."

"어머머, 그래 넌 화를 냈겠구나?"

"응, 난 톡 쏘아줬지."

"뭐라고?"

"여기선 등에 돌이 닿아서 아프니까 호텔로 가자고 말야."

변덕스럽게 연애할 수 있는 능력은 인간을 동물과 구별하는 주요한 특징이다. —브룬—

3017

# 어쩐지 이상했어

아름답고도 매력적인 젊은 여자가 아직 난 지 며칠안된 아기를 안고 소아과 진료실에 들어왔다.

"어떻게 오셨습니까?"

"아기가 조금도 살이 오르지 않아서요……."

"그렇습니까, 그러면 한번 진찰을 해봅시다."

인턴인 영필이는 아기를 대충 진찰한 후 그녀에게 물었다.

"모유(母乳)를 먹이고 있습니까?"

"네."

"그렇다면 아주머니 웃도리를 좀 벗어 보십시오."

여자는 블라우스를 벗고 브라자의 멜빵을 풀었다. 터질 듯한 유방이 드러났다. 영필이는 그녀의 유방을 눌렀다가 또 젖꼭지를 만져 보았다를 한참 동안이나 하다가 고개를 갸웃거렸다.

"이상하군……."

이렇게 중얼거린 영필이는 여자의 유두를 손가락으로 톡톡

쳤다. 그리고 입으로 몇번인가 빨았다.

"정말 이상하군요!"

"왜요?"

"모유를 먹이고 있다고 하셨지요?"

"그래요."

"그런데……, 아주머니의 젖은 조금도 나오질 않고 있어요. 마치 숫처녀의 젖과 조금도 다르지 않군요!"

영필이의 이 말에 여자는 약간 얼굴을 붉히며 이렇게 말했다.

"어머, 선생님! 저는 이 아이의 엄마가 아니고 이모예요 이모. 아직 결혼하지 않은 처녀란 말예요."

"어쩐지 이상했었어……."

내가 주시해온 것은 낙태수술에 찬동하는 모든 사람이 이미 이 세상에 태어난 상태라는 것이다. ─레이건 대통령─

남성은 강할수록 좋다. 정력비방 Point **7**

## 추어탕의 효능

성에 대한 의욕조차도 없을만큼 정력이 감퇴한 사람들에게는 추어탕이 좋다. 방법은 먼저 살아있는 미꾸라지를 사서 모래를 빼낸다. 이때 식용유를 2~3방울 떨어뜨려 씻으면 모래를 금방 토해낸다. 그리고 수건에 싸서 문지르면 특유의 냄새가 제거된다. 그런 후 배를 가르고 내장을 빼낸다. 그러나 뼈는 반드시 남겨 놓아야 한다. 뼈가 없으면 맛도 덜할 뿐만 아니라 효과도 떨어지기 때문이다.

우선 솥에 기름을 두르고 가려낸 뼈를 약한 불에 볶는다. 잠시 후 뼈를 꺼내고 다시 고기를 볶는다. 다 볶아낸 후에는 다시 뼈를 넣고 500cc 정도의 술과 생강 한쪽을 넣어 적당한 불에 은근히 끓인다. 어느 정도 끓으면 유백색으로 변한다. 원래의 양에서 반 정도 남게 되었을 때 위에 뜬 기름을 제거하고 다시 뼈와 고기를 덜어낸다. 그런 후 소금으로 간을 맞추고 후춧가루를 뿌려서 마시면 된다. 한 번 마시는 양은 미꾸라지 5~6마리가 적당하다.

이 추어탕은 식욕이 없거나 빈혈이 있어 안색이 좋지 않은 사람, 술을 너무 많이 마셔 간장이 쇠약한 사람에게 특히 좋다. 피로에 지쳐 정신이 맑지 못한 남자가 계속해서 마시면 성교불능이나 기타의 고민을 해결할 수 있다.

남성은 강할수록 좋다. 정력비방 Point ❽

## 훌륭한 강정식품, 부추

▼

마늘과 부추는 대표적인 강정식품이다. 남성의 성기능을 강화하고 성욕을 높이며 조루나 임포텐츠에 특히 효과가 있다.

부추는 신진대사를 촉진하는 작용이 있어서 체내를 따뜻하게 해준다. 부추에는 비타민 $B_1$이 포함되어 있는데 이것은 흡수가 좋으며 다른 음식물에서 흡수된 비타민 $B_1$을 체내에 유보시키는 것을 돕는 작용이 있다. 따라서 조금씩이라도 늘 먹으면 발기부전에 상당한 도움이 된다.

뿐만 아니라 식욕증진, 변비나 설사를 방지하는 작용도 있으므로 항상 먹는 것이 좋다. 두말할 필요도 없이 부추에는 남성을 흥분시키는 요소가 있다.

부추의 연한 싹을 '부황'이라고 하는데 위를 강하게 해주며 정력감퇴로 고민하는 사람에게 좋다.

많은 요리에 부추를 사용하지만 새우나 돼지고기, 쇠고기 등을 요리할 때 쓰면 더욱 좋다. 특히 간과 함께 볶아서 먹는다면 이중의 효과가 있으며 자신을 갖고 섹스에 임할 수 있다.

3018

# 누가 이겼나?

백화점 여점원 영자가 구내 식당에서 점심을 먹은 후 밖으로 나가고 있었다. 그녀의 날씬하게 뻗은 뒷모습을 바라보면서 플레이보이로 자처하는 영필이와 달호가 입씨름을 했다. 그녀가 처녀냐 아니냐에 대해서.

"저 엉덩이의 흔들림을 봐라. 씰룩쌜룩거리는 간드러진 율동으로 보아 틀림없이 처녀는 아냐."

영필이가 말하자 달호가 맞받아 쳤다.

"아냐, 그게 아냐! 늘 속눈썹을 밑으로 내리깔고 수줍어하는 품으로 보아 틀림없이 처녀야."

"그럼, 우리 내기 할까?"

"무슨 내기?"

"진 사람이 이긴 사람에게 20만원을 주기로 하자."

"좋아."

이렇게 하여 그들은 20만원을 걸고 내기를 했다.

며칠이 지났다. 다시 식당에서 만난 자리에서 달호는 영필이
에게 20만원을 내 주면서,

"자네가 이겼네. 그녀는 처녀가 아니었어."

하고 말했다. 그러자 영필이는 그 돈에다 자기 돈 20만원을 더
얹어서 내놓으며 이렇게 말했다.

"아닐세. 내기는 내가 졌어. 그녀는 진짜 숫처녀였으니까.
그러니 이것은 자네 돈이야."

남자가 여자를 유혹할 때, 그녀가 말로 OK하지 않는다고 해서 NO로 단정한 사내는 바
보다.

3019

# 쪽집개

"한낮에 빠지는 환상에 대해서 말씀해 주세요."

정신과 의사인 영필이가 어떤 부인에게 물었다.

"알몸으로 집안 일을 하는 상상에 빠지지 않으세요? 털 먼지털이로 젖꼭지를 문지르면 어떨까 하는 게 궁금해지지 않으세요? 빗자루 몽둥이로 성적 본능을 만족시키는 생각을 가져 보셨나요?"

여기까지 말하자 그 부인은 얼굴이 홍당무가 되어 소리쳤다.

"어머, 선생님! 너무 하세요……, 저의 집 창문으로 죄다 들여다 보셨군요!"

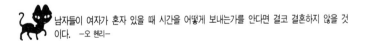
남자들이 여자가 혼자 있을 때 시간을 어떻게 보내는가를 안다면 결코 결혼하지 않을 것이다.  —오 헨리—

3020

# 잘못 세었군

주정뱅이 영필이, 맨날 술만 먹고 한 달에 보름은 밖에서 자니 마누라의 불만이 이만저만이 아니다.

'네가 그러는데 나는 못할쏘냐.'하는 억하심정에서 바람이 났겠다.

저녁 때 영필이가 나가는 것을 본 마누라는 부리나케 정부를 끌여들였다. 이제 남편 영필이는 아침에나 어슬렁 어슬렁 기어 들어 올 것이다. 그러니 밤새도록 마음놓고 뼈마디가 뻑적지근하도록 정부와 즐길 수 있다.

그런데 바로 그날 밤, 무슨 바람이 불었는지 영필이가 오밤 중에 들어왔다. 연놈은 깜짝 놀랐으나 문열라고 소리치는 영필이의 혀꼬부라진 소리를 듣자 계집은 앙큼하게 말한다.

"가만히 있어요. 곤드레만드레 취해서 알지 못할 테니까요."

과연, 영필이는 아무 것도 눈치채지 못하고 이불 속으로 기어 들었다. 그런 후 얼마간의 시간이 흐른 다음 벌떡 일어나며 갑자기 소리쳤다.

"누가 있구나! 발이 여섯 개다."

그 소리에 마누라는 가슴이 철렁 했지만 시치미를 떼고 말했다.

"정신 없이 취했군 그래요!"

"아냐, 확실히 여섯 개 있어."

영필이는 그렇게 말하며 이불을 들치고 발을 세기 시작했다.

"한 개, 두 개, 세 개, 네 개……. 이상하게도 맞는군."

발은 아무리 세어 보아도 네 개가 분명했다. 그러자 영필이는 고개를 갸웃하며 어눌하게 말했다.

"음, 내가 취해서 잘못 세었어. 분명 다리는 네 개뿐야."

남성의 욕정은 격렬하지만 일시적이다. ―보봐르―

3021

# 과장 타입

영자와 순자가 해변에 나가 지나는 사람들을 구경하고 있었다. 그 가운데 체격이 잘 발달된 사나이가 우람한 근육질의 몸매를 최대한으로 과시하며 지나가고 있었다.

그 사나이를 보고 순자가 말했다.

"어머, 내가 좋아하는 타입의 남자야!"

"글쎄, 난 모르겠더라 얘."

영자가 그렇게 말하며 다음 말을 이었다.

"내가 아는 친구는 자동차 두 대가 들어가는 차고를 가진 남자와 결혼했는데, 그 속엔 자전거 한 대 밖에 없더래."

여자는 남자에게서 집요한 설득을 받을 때 마치 그것이 남의 일이라고 한것처럼 '결국 나는 함락되고 말지도 몰라'하는 예감이 든다.

3022

# 얼빠진 남편

어느 유부녀가 이웃집 사내와 눈이 맞아 밀회를 거듭하고 있었다. 하루는 남편이 이층에서 일을 하고 있는데도 불구하고 여인은 대담하게도 아래층에서 간부와 어울렸다.

그 일을 한창 진행하고 있는데, 남편이 이층에서 이를 발견하고,

"고얀 연놈들! 무슨 짓들이냐!"

소리를 지르면서 아래층으로 내려왔다. 소스라치게 놀라, 몸을 뗀 간부(姦婦)와 간부(姦夫), 급히 옷을 고쳐 입고는 태연한 표정으로 말하기를,

"여보 당신은 도대체 무슨 말씀을 하는거요?"

"이층에서 보니까 둘이서 그 일을 하고 있는 것 같기에 말을 한 걸세."

남편이 이렇게 말하니,

"원, 천만의 말씀을, 대낮부터 어찌 그런 일을 하겠소. 이렇

게 가만히 앉아 있을 뿐인데."

이와 같이 대답하니, 남편은 미안한 표정을 짓는다. 간부란 놈이 원래 영리한 자인지라,

"여보게, 자넨 어찌 그다지 의심이 많은가? 그럼 다시 한번 이층으로 올라가 보게. 아마 이렇게 둘이서 가까이 있는 게, 그 짓을 하고 있는 것처럼 보였던 게지."

이렇게 수작을 거니, 남편은 그럴 듯한 말이라 여겨,

"옳지, 그럴는지도 모르겠군."

하고 다시 이층으로 올라갔다. 순간 간부놈은 급히 여자에게 달려들었다. 어리석은 남편은 다시 이층에서 내려다 보면서,

"정말 여기서 본즉 완전히 그 일을 하고 있는 것으로 보이는 데."

어떤 남자도 여자만큼 완벽하게 생활과 조화될 수는 없다.  ㅡ키에르케고르ㅡ

3023

# 그것으로 보았구나

옛날 건망증이 심한 데다 매우 무식한 사또가 있었다. 어느 날 그는 죄수의 성을 잊어 버리고는 다시 물었다.

"그대의 성이 뭐라 했던고?"

"소인의 성은 홍(洪)가이옵니다."

사또는 이번에는 잊어먹지 않으려고 곧장 벽에 홍합을 그려 붙이고는 마음을 놓았다.

그런데 이튿날 그 죄수가 다시 들어와 뵙는데 또 그의 성을 잊어먹어 알 길이 없었다.

사또는 얼른 벽을 쳐다보았으나 무엇을 그린 것인지 분명치가 않았다. 그는 바삐 눈과 머리를 돌리더니 무릎을 쳤다.

"옳거니, 그대의 성이 보가라 했지?"

"아니옵니다. 보가가 아니라 홍가이옵니다."

하고 원님의 표정을 살피니 사또는,

"옳아옳아, 내가 그걸 계집의 그것으로 보았구나."

## 3024
# 문제 해결

소슬바람이 부는 어느 가을 날, 영필이가 우울한 얼굴로 길을 걷다가 우연히 친구 달호와 마주쳤다.

"이봐, 영필이! 자네 어디 아픈가? 왜 그런 우거지상을 하고 있지?"

달호가 그의 어깨를 탁 치며 묻자 영필이는 씁쓰레 웃었다.

"그래, 집에서 기분 나쁜 일이 있었어……."

"마누라와 싸움이라도 했나?"

이 말에 영필이는 울상이 됐다.

"아냐! 마누라가 소파 위에서 어떤 놈팽이하고 노닥거리고 있더군."

달호는 깜짝 놀랐다. 그들은 사이 좋기로 소문난 부부였던 것이다.

"허어 참……, 그게 정말인가?"

"여보게 달호, 어떡하면 좋지?"

"덱끼, 이 사람아! 그런 걸 아무리 절친한 친구라 해도 내가 어찌 간섭하겠나? 자네가 알아서 잘하게."

두 사람은 그대로 헤어졌다. 종일토록 궁금해하던 달호가 다음 날 전화를 걸었다.

"어이, 영필이! 어제의 일은 어찌 됐지?"

그러자 무척 명랑한 영필이의 목소리가 수화기를 통해 들려왔다.

"아, 그 문제 말인가?"

"그래."

"그거 오늘 아침 결말이 났어."

"어떻게?"

"오늘 아침 고물상을 데려다가 문제의 소파를 팔아버렸네! 이제는 다시 소파에서 그짓을 못할걸세, 안 그런가?"

# 제4장

# 혼혈녀

돈이면 귀신도 부린다. ─한국 속담─
남성은 구혼 중에는 꿈꾸고, 결혼 후에는
꿈을 깬다. ─포프─
남자는 목이 짧은 편이 좋고,
여자는 목이 긴 편이 좋다.

4001

# 여자의 본심

영필이와 영자는 친한 사이였으나 좀처럼 만나는 기회가 적었다.

"영자 씨! 우리 둘이서 등산 가지 않을래?"

"어머 둘이서만? 싫어! 무서워."

"뭐가 무서워?"

영자는 얼굴을 붉혔다.

"남들이 그러는데 남녀가 단둘이 놀러가면 숲이고 들이고 가리지 않고 반드시 남자는 이상한 요구를 한다더라."

"난 또 뭐라구! 그런 거라면 걱정마! 나는 절대로 그런짓 안 할께."

"어머, 그렇담 나는 흥미 없어!"

여자는 바람둥이의 얄미운 언사를 비웃으면서도 그 말에 이끌린다.

4002
# 좋다만 이야기

장안에 소문이 자자하기에 〈원초적 본능〉이란 제목의 영화를 보러 신촌의 영화관에 들어갔다. 운이 좋게도 옆자리에는 꽤나 탄탄한 미모의 아가씨가 앉아 있었다.

영화의 장면장면이 어찌나 흥분을 부채질 하는지……, 나는 스리슬쩍 그녀의 손을 잡아 보았다.

그녀는 가만히 있었다. 조금은 겁도 났지만 나는 용기 백배하여 손에 힘을 더했다. 그런데 이 아가씨는 좀체로 손을 빼려 하지 않았다.

좀더 자신이 생겨 이번에는 허리를 더듬어 보았다.

그래도 그녀는 반응이 없었다. 그래서 손을 스커트 속으로 과감히 집어 넣었다. 그녀는 몸을 움찔하더니 묵묵히 영화만 보고 있었다.

'옳지, 됐구나!'

마음 속으로 쾌재를 지르며 팬티 속으로 손을 집어 넣는 순간, 아가씨가 속삭이듯 말했다.

"손님, 화대는 선불입니다."

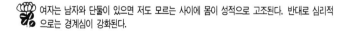
여자는 남자와 단둘이 있으면 저도 모르는 사이에 몸이 성적으로 고조된다. 반대로 심리적으로는 경계심이 강화된다.

4003

# 스무살만 더 먹었으면

가는 세월을 이기는 장사는 없다. 천하의 호색한 영필이가 꼬부랑 할아버지가 되었다.

어느 여름 날, 동네 늙은이들과 복덕방 앞에서 장기를 두다가 기가막히게 빠진 아가씨가 지나가는 것을 보았다. 최후의 마지노선을 아슬아슬하게 가린 똥고치마 아래로 쪽 뻗은 각선미, 도발적으로 흔들어 대는 엉덩이는 힘 있는 남자들을 미치게 만들만 했다.

"내 나이가 여든 하고도 둘인데도 저런 날씬한 아가씨를 보면 스무살만 더 먹었으면 하는 생각이 간절하단 말야."

영필이의 그 말에 맞서 장기를 두던 친구가 말했다.

"스무살 더 먹었으면이 아니라, 스무살만 더 젊었으면 하는 말 이겠지. 안 그래?"

"아냐, 난 스무살만 더 먹었으면 좋겠다는 얘기야. 그래야 저런 아가씨를 봐도 흥미가 없어질 것이 아닌가."

4004

# 얼굴보다 중요한 곳을 봤지

여름 휴가가 끝날 무렵의 어느 날, 영필이는 종로를 지나다가 얼굴이 까맣게 그으른 친구 달호를 만났다.

"해수욕장에 다녀왔나 보군?"

"그래."

"재미 있었나?"

"음, 아주 재미 있었어. 아주 늘씬한 비키니 아가씨가 다이빙을 했었는데 말야……."

"허허, 그래서?"

"공중에 떠서 한번 회전했다가 그냥 낙하하는데, 글쎄 비키니가 홀라당 벗겨져 버렸지 뭐야."

"야아, 그것 신나는 구경을 했군, 그래. 그 여잔 얼굴이 홍당무처럼 빨개졌겠지!"

그 말에 달호가 입을 비쭉하며 말했다.

"그럴 때 얼굴을 보는 바보가 어디 있어."

176 · 숙녀는 X담을 사랑한다

## 4005
## 안 들리는군

인색하기 그지 없는 주지스님이 아랫 마을의 한 과부와 몰래
정을 통하고 있었다. 그것까지는 좋았지만, 그 과부가 해오는
엿이며 떡이며를 다락에 감추어 놓고 다른 중들 몰래 혼자만
먹는지라, 상노놈이 밸이 꼴려 견딜 수 없었다. 그래서 어느
날, 스님이 또 과부를 만나러 간 틈을 타, 모조리 꺼내서 다른
중들과 나누어 먹어 버렸다.

먹을 땐 좋았지만 먹고나자 마음이 꺼림직한지 중들은,

"이따 주지스님께서 오셔서 꾸지람하시면 뭐라고 하지?"

하고 걱정했다. 그러자 상노놈은,

"꺼내먹자고 한건 나니까 여러분들은 내 핑계만 대시오."

하고 모든 책임을 자기가 지겠다고 장담하였다.

그날 저녁 무렵이 다되어서야 돌아온 주지, 배가 출출한지라
다락에 감추어 둔 떡을 꺼내 먹으려고 다락문을 열었다. 그런
데 이게 웬 변고인가. 엿과 떡은 온데간데 없고 빈 그릇만이 덜

렁 남아 있는 것이었다. 화가 뿔같이 난 주지스님은 당장 중들을 불러 물으니,

"상노 아이가 모두 꺼내 먹었습니다."

하므로 곧 상노를 불러 법당 부처님 앞으로 데리고 갔다. 그런 후 단단히 버릇을 고쳐 놓을 양으로 묻기를,

"다락에서 떡을 꺼내 먹은 놈은 누구냐?"

그러나 상노아이는 아무런 대답도 하지 않았다.

"다락에서 떡을 꺼내 먹은 놈은 누구냐. 안 들리느냐?"

"안 들립니다."

"안 들리다니, 뻔뻔스러운 놈이로군. 어디 자리를 바꿔서 보자, 안 들리나? 자 이쪽으로 와서 네가 말해보아라."

자리를 바꾼 상노놈, 주지스님을 향하여,

"아랫 마을 과부와 자고 온 놈은 누구냐?"

주지스님, 대답이 없다.

"아랫 마을 김 과부와 자고 온 놈은 누구냐?"

주지스님이 낯을 붉히면서 목소리를 낮추어,

"허! 과연 이쪽으로 오니까 안 들리는군."

사랑에 빠진 남자는 결혼하기까지는 불완전하고 결혼하고 나서는 끝장이다.  —가보르—

# 태풍인데 아무 항구면 어떠리

전국 각지를 돌며 뱀장사를 하던 영필이가 어느 때 부산에서
판을 벌였다.

"자, 비암이오 비암! 정력 보강에는 더 없이 좋은 비암이오
비암……."

판을 벌이자 순식간에 뭇 사내들이 잡새처럼 몰려들어 영필
이를 에워쌌다.

"정말로 뱀을 먹으면 정력이 좋아지노?"

처음부터 구경하던 어느 늙은이가 호기심이 그윽한 눈망울을
반짝이며 물었다.

"헛허허, 의심마시고 일단 잡숴보슈. 그러면 내일 아침에 할
머니가 죽어요 할머니가."

"왜? 왜 할망구가 죽노?"

"내내 굶겼다가 한꺼번에, 그것도 밤이 새도록 쑤셔대니 안
죽고 배기겠어요?"

"덱키, 이 사람! 자네 말을 믿진 않지만……, 어쨌든 좀 주게."

"헤헤, 할머니 죽은 책임은 절대로 제게 묻지 않기예요."

그날따라 장사가 아주 잘 됐다. 모처럼 주머니가 두둑해지자 쌓였던 객수의 외로움이 밀려들며 여자의 살 맛이 그리워 도저히 견딜 수 없었다. 그래서 완월동을 찾아갔다.

"그래 하룻밤 화대는 얼마인가?"

"그것도 차별이 있어요."

"차별?"

"그래요. 무풍이면 2만원, 폭풍이면 5만원, 태풍이면 10만원이예요."

"거참! 그것 따지는 법도 과연 항구다워서 재미있구먼."

이리하여 영필이와 창녀는 무풍에서부터 일을 시작하였다. 그런데 창녀가 밑에서 껌을 짝짝 씹으며 마치 목석처럼 움직이질 않자 영필이가,

"아, 이게 뭐야? 송장이 아닌 다음에야 좀 움직여줘야 할 게 아니야."

하고 투정을 부렸다. 그러자 창녀가 눈을 흘기며 톡 쏘았다.

"무풍은 이런 거예요. 그러니까 무풍이죠."

"그럼 폭풍으로 해줘."

그러자 창녀는 엉덩이를 살살 흔들기 시작하다가 마침내는 심히 굽이치기 시작했다. 흥이 난 영필이가 다시 소리쳤다.

"이번엔 태풍을!"

그 말이 떨어지기가 무섭게 굉장한 진동이 일기 시작했다. 침대가 요란하게 삐그덕거리기 시작하면서 창녀의 몸은 정신을 못차리게 요동을 쳤다. 정말 굉장했다. 항구로 찾아들었던 배(？)가 몇번이고 항구 밖으로 밀려났다가 가까스레 다시 찾아들곤 했다.

그러던 중 다시 항구를 찾아들었는데 어쩐지 감촉이 이상했다. 그때 갑자기 창녀가 다급히 외쳤다.

"어머어머 손님, 겨냥이 틀렸어요, 거기가 아니예요."

헐렁헐렁하지 않고 꽉 옥죄는 특별한 맛에 한없이 기분이 좋아진 영필이도 덩달아 이렇게 외쳤다.

"에이 시끄럽다. 태풍인데 아무 항구면 어떠리."

멋진 농담은 비평을 할 수 없는 궁극적이고 신성스러운 것이기도 하다. 멋진 농담과 우리와의 관계는 직접적이고 신성스럽기조차 하다. ―체스터턴―

4007

# 내가 너 보다 나아

'따봉' 피자집 여주인 영자가 자기와 나이가 같은 종업원 순자와 말다툼을 한 끝에 쫓아내기로 했다. 순자는 짐을 챙겨 싸가지고서 나가려고 하다가, 아직도 직성이 덜 풀렸던지, 여주인 영자를 향해 심술스럽게 외쳤다.

"별것도 아닌게 지랄은 지랄이야! 네년 남편이 그러는데, 네년보다는 내가 모든 면에서 낫다고 하더라. 미모고 솜씨고 간에, 그리고 잠자리에서의 그 재간까지도……."

"뭐야, 내 남편이 정말 그런 말을 했단 말야?"

영자는 어디 거짓말이었다면 봐라 하는 듯한 표정을 지었다. 그 표정을 고소하다는 듯이 살피던 순자가 어깨를 으쓱하면서 얄밉게 말했다.

"그건 아냐. 마지막 말은 운전사 김씨가 그러더라."

4008

# 발가벗은 스님

한 스님이 아랫 마을에 사는 과부에게 마음을 두고 있었다.

그러던 어느날 과부집에서 자게 되었으므로 '옳다 됐구나!' 생각하고 밤 깊기만 기다렸다. 밤이 깊어지자 스님은 슬금슬금 과부가 자는 방문 가까이 다가갔다. 문틈으로 슬그머니 들여다 보니 새벽 달이 환히 들여 비치는 가운데 과부가 육덕이 무르 익은 몸을 온통 드러내놓고 정신 없이 자고 있었다. 정말 바라 보기만 하여도 정신이 아찔해질 지경이었다.

스님은 참을 수 없는지라 옷을 벗어 바랑에 집어 넣었다. 그 런 다음 바랑을 석가래 끝에다가 걸어놓고 벌거벗은 몸으로 가 만히 기어 방으로 들어 갔다. 그런데 마침 과부도 잠이 깨어 스 님의 동정을 살피다가 너무도 기쁘고 반가운 나머지 그만 두 손을 크게 벌려 스님을 끌어안으려고 하였다.

이에 소스라치게 놀란 스님은 크게 겁을 집어 먹고 문밖으로 급히 뛰어 나왔다. 바랑을 걸머지고 간다는 것이 하도 놀래고

겁을 먹은 탓으로 닭의 둥우리를 짊어지고 발가벗은 몸으로 걸음아 날 살려라 달아났다. 얼마나 달렸을까. 마침 먼동이 터지나가던 나그네가 그 꼴을 보고 물었다.

"스님은 어찌 발가벗은 몸으로 닭의 둥우리를 짊어지고 가시오."

스님이 그제서야 제 꼴을 돌아보고 궁색하게 변명했다.

"이와 같이 하면 큰 풍년이 든다기에……."

여자를 유혹할 수 없는 남자는 또한 여자를 구제할 수도 없는 것이다. ―키에르케고르―

4009

# 한잔 할까?

나이 서른이 훨씬 넘도록 장가를 못 든 영필이가 드디어 20대 초반의 기가 막히도록 아리따운 신부를 맞이했다.

오랜 갈망 끝에 맞이한 신부라 그렇게 사랑스러울 수가 없었다. 영필이는 어디 나갔다 돌아오면 사람이 있고 없고를 가리지 않고 신부를 골방으로 데리고 들어가 한판 해치우곤 했다. 그러므로 수줍음 많은 신부는 사람이 있을 때는 민망해 죽을 지경이어서 생각 끝에 이런 제의를 했다.

"사람이 있거든 '한잔 할까'하고 신청하십시오. 그러면 제가 알아서 슬그머니 골방으로 들어 가겠어요. 그러면 사람들은 모두 술을 마시는 줄로만 알게 아닙니까?"

"거 참 좋은 생각이오."

이리하여 그날부터 한잔 마시는 것으로써 약속이 되었다.

그러던 어느 날, 마침 장인이 찾아 왔는데 영필이가 나갔다 돌아왔다. 장인 앞이라서 끓고 있는 사랑의 정을 참으려고 애

를 썼지만 그게 쉽지가 않았다. 그래서 신부를 보고,

"한잔 하는 것이 어떻겠소?"

하고 말했다. 그러자 곧 신부가 영필이를 따라 골방으로 들어 갔다.

'사위놈이 내가 술을 좋아하는줄 알고 술 한잔 대접하려나 보구나. 허허, 대견도 하지.'

장인은 그렇게 생각하며 술상이 나오기를 기다렸다. 침을 몇 번이나 삼키며 기다리는데 좀처럼 술상은 나오지 않았다.

'안주를 많이 장만하는 모양이군. 암, 그래야지.'

장인은 갖가지 먹음직스런 안주를 상상하며 흐뭇한 표정을 감추지 못했다. 그때 골방문이 열리면서 사위와 딸이 나왔다. 그런데 기대했던 술상은 가져오지 않고, 그들의 얼굴이 볼그스 름히 상기되어 있지 않은가.

'괘심한 것들. 내가 술 좋아 하는 줄을 알면서도 저희끼리만 마시고 나오다니.'

장인은 매우 심사가 뒤틀려 집으로 돌아가서 아내에게,

"딸이란 것이 남만도 못하니 이제부터는 발길을 하지 않겠 어. 임자도 그렇게 하시오."

하고 화를 냈다. 이를 이상히 여긴 아내가 물었다.

"대체 무슨 까닭인데 그러세요?"

"말도 마시오. 고것들이 나만 빼놓고 저희들 끼리만 골방에 들어가 술을 마시고 나오지 않겠소. 에잇, 못된 것들!"

"설마 그랬을리가……."

"그럼, 내가 거짓말을 하고 있단 말이오!"

"······."

남편이 불같이 화를 내자 아내는 더이상 묻지를 않고 곧장 딸네집으로 갔다.

"애야, 대체 어떻게 대접했길래 너희 아버지가 그렇게 노발대발 하시니 그래?"

"왜요?"

"오늘 너희 아버지가 들렸을 때 너희끼리만 골방에 들어가 술을 마시고 나왔다니 그게 사실이냐?"

그 말에 신부는 꽃처럼 얼굴을 붉히며 변명했다.

"아니예요. 아버님이 오해 하신거예요. 본래 그 일이 여차여차해서 그리된 것이지 실지로는 술이라곤 없었어요. 술이 있으면 어찌 아버님께 올리지 않았겠습니까. 그러니 어머니께서 잘 말씀드려, 아버님의 노여움을 풀어드리세요."

"오냐 알았다."

딸의 말을 들은 어머니는 빙그레 웃으며 집으로 돌아왔다.

"방금 딸네집에 다녀오는 길이예요."

"뭐야? 딸년네 집에 갔었다구?"

"그렇게 화를 내시지 말고 제 말 좀 들어보셔요."

"무슨 말?"

"실은 그 일은 여차여차 해서 그리 된 일이랍니다."

그제야 남편은 노여움을 풀었다.

"그 일이 그런 줄은 내 미처 몰랐군. 생각해 보니 참 좋은 방법이군 그래? 그런 의미에서 우리도 한잔 할까?"

"그럽시다. 멋지게 한잔 합시다."

부부는 대낮인데도 불구하고 멋지게 한잔 했다. 그런 후, 꽃물을 들인 듯 한잔 술에 취한 아내가 은근한 소리로 말했다.

"한잔 더 할까요?"

그 말에 남편은 고개를 저으며 이렇게 말했다.

"늙어서 한잔 술로도 크게 취하는 구려."

육체가 지적인 일로 고통을 받는 것은 괜찮으나 지적인 힘이 육체적인 욕정으로 괴로움을 받을 때는 악이다. —탈무드—

4010

# 결론은

아들 여섯을 슬하에 둔 영필이에게 친구 달호가 찾아와, 어떻게 하면 아들을 낳게 할 수 있는지 그 비결을 가르쳐 달라고 졸랐다. 그러자 영필이는 이렇게 말했다.

"우선 부인을 조용한 바닷가로 몇 달만 전지 휴양을 보내게. 아들을 못 낳는 원인은 대개 월경 불순이나 냉증인 경우에 많으니까 말일세. 바닷가에서 자외선을 충분히 쬐고, 신선한 공기와, 과일과 야채와 고기를 많이 섭취하면 정력도 붙고……. 그래서 부인은 자네를 보고 싶어 미칠 지경이 될걸세. 그때 집으로 데려오게. 그리고 목욕탕에 보내 몸을 깨끗이 닦게 한 후에 마사지를 시키게. 그런 다음 어떻게 하는고 하니……."

여기서 영필이는 큰 기침을 한 번 하고 나서,

"나한테 보내게. 아들을 낳도록 잘 처리해 줄 테니까."

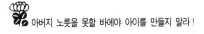 아버지 노릇을 못할 바에야 아이를 만들지 말라!

## 대머리가 된 까닭

4011

영필이가 암소를 끌고 접을 붙이려고 황소를 찾아 이웃 마을 달호에게 갔다. 그러나 황소는 암소를 본체만체 상대도 하지 않았다.

"미안하지만 오늘은 안 되겠는데, 이놈도 한달 동안 계속 그 짓만 해대니 맥이 풀린 모양이야."

"그러나 하루 품을 버리고 암소를 끌고 왔는데 무슨 도리가 없을까? 옳지 참! 동네 노인들한테 들은 이야기인데 소가 피로 했을 때는 뿔과 뿔사이를 비벼서 마찰시키면 정력이 생긴다던데, 한번 시험해 볼 일이 아닌가?"

이 말에 달호는 큼직한 쇠솔로 황소의 양미간을 쓸어 주었다. 그러자 황소는 정력이 솟아나서 씨를 받을 수 있게 되어서 영필이는 기분 좋게 돌아갔다.

다음 달, 다른 암소를 끌고가서, 또 다시 전번 방법을 쓰자고 했다.

"어떤가? 아직도 황소가 피로해 한다면 어서 쇠솔을 가져오게나. 전날에도 성공하질 않았나."

"응 그건 알고 있네. 그런데 이걸 좀 보게."

달호는 머리를 내 보였다. 앞머리가 몽땅 빠져서 대머리가 되어 있었다.

"요전에 자네가 다녀간 후, 내 여편네가 그것을 보고 매일밤 이마빡을 어떻게나 문질렀는지 그만……."

키스는 컴마나 의문부호나 감탄부호 어느 것이나 될 수 있다. 그것은 모든 여인들이 알아야 할 기본 철자법이다. —미스팅게—

4012

# 감시가 심해서

영자는 마치 자신의 이름처럼 소박하게 생겼다. 말이 좋아서 '소박하게'이지, 실상은 추녀측에 든다고 해야 맞는 말이다. 눈은 황소 눈깔만큼 크지만 주먹덩이만한 코며 쭉 삐져나온 입술이 약간은 기묘했다.

그런 용모니만큼 영자는 거울을 볼때마다 화가 났다. 어느 날이던가. 영자는 모처럼 거울을 들여다 보며 어머니에게 말했다.

"어휴, 속상해! 엄마, 어째서 나를 미인으로 낳아주지 않았수?"

그 말에 어머니는 구들장이 꺼질 듯한 한숨을 쉬며 이렇게 말했다.

"애야, 미안하다. 그건 내 탓이 아니다. 항상 네 아빠의 감시가 심해서 그럴 시간이 없었단다."

女子 hunting point ❶

## 무엇엔가에 기대려고 하는 여자

▼

유심히 살펴보면 남달리 기대기를 좋아하는 여성이 있다. 실내에서건 실외에서건 벽이나 기둥, 나무 등에 기대는 여성의 심리는 강하고 늠름한 남성을 원하고 있다고 생각해도 틀림이 없다.

이런 여성은 자신에 대한 존재감이 약하기 때문에 확실한 것에 기댐으로써 안심감을 얻고 싶은 것이다.

이와 같은 여성에게는 과감히 접근하여 자신 있는 태도로 말을 붙이라. 그러면 마치 기다렸다는 듯이 응해오는 경우가 95%는 넘는다.

**女子 hunting point ❷**

## 대화 중에 젖은 눈으로 머리를 매만지는 여자

▼

여자는 보디 랭귀지(육체언어)로 말한다. 남자와 얘기할 때 젖은 눈으로 상대방을 응시하며 유별나게 자기 머리털을 자주 매만지는 여자가 있다. 이런 여자의 100%는 남자에게 강한 포옹을 받고 싶다고 몸으로 말하고 있는 것이다.

머리털은 여성의 주요 성감대 중의 하나인데, 여자의 마음 속에 숨어 있는 성적 욕구며 관심이 본인도 의식하지 않는 사이에 머리털을 매만지게 하는 것이다.

4013
·
## 코피

축제 때의 연극에서 장발장 역할을 맡은 영필이는 수염을 기르기 시작했다. 수염이 길어날 때는 자꾸만 신경이 쓰이고 손이 거기로 가는 버릇이 있었다.

한번은 영필이가 국내에서 평판이 자자한 〈매춘〉이란 제목의 영화를 보러 갔다. 운 좋게도 옆에는 어여쁜 미인이 앉았다. 힐끔힐끔 옆눈질 하는 영필이에게 그녀는 생긋이 웃음으로 답을 했다.

장내가 어두워지고 영화가 시작되었다. 글래머 미인이 벌거벗은 모습으로 화면에 등장한다. 영필이는 슬쩍 옆에 앉은 미인의 손을 잡는다. 반응이 있었다. 영화는 진행되어 뜨거운 키스신이 벌어졌다.

영필이의 손도 가슴팍에서 넓적다리 부근으로 진행되고 있었다. 그리고 화면은 이 영화의 클라이맥스라고도 할 수 있는 강렬한 베드신. 영필이의 손은 드디어 갈 곳까지 가고 말았다.

이윽고 FIN의 마크가 나오고 장내가 밝아졌다. 영필이도 손을 빼고 요즘 버릇이 되어 있는 코밑의 수염으로 손이 갔다.

옆에 있던 미인의 얼굴을 살펴 보려고 어물어물 하고 있을때 그녀는 벌써 일어서서 나가려 했다. 영필이도 수염을 만지작거리면서 일어섰다. 그러자 옆을 걸어가던 사나이가 영필이의 어깨를 두드리며 이렇게 말했다.

"여보, 여보, 코피가 나왔소."

성공적인 결혼 생활을 하는 데는 여러 번에 걸쳐서 매번 같은 사람과 사랑에 빠지는 것이 필요하다.  —맥로린—

4014

# 혼혈녀

지난 해 늦가을, 나는 외로울 때면 늘 찾아가는 신촌의 ✕✕
카페로 걸음을 옮겼다. 카페의 문을 열고 들어 서는 순간, 나
는 낯선 얼굴의 한 여자를 보고 못박히듯 그 자리에 한참 동안
이나 서 있어야 했다.

그녀는 이국적인 냄새가 물씬 풍기는 흑인 혼혈아였다. 흡사
혼혈아 가수 인순이와 느낌이 비슷했다.

내가 그녀에게 관심을 보이자, 눈치 빠른 마담은 이내 그녀
를 내 옆자리에 앉혔다. 그녀는 혼혈 여성 치고는 작은 몸집인
데다 손발이 아주 작고 얼핏보면 열다섯 정도로 밖에 보이지
않았다.

"이름이 뭐지 ?"

"리라예요."

"리라는 어느 나라의 하프 카스트지 ? 미국 ?"

하고 내가 묻자,

"미국이 아네요."

하며 리라는 화난 것처럼 나를 힐끔 돌아보고 이번엔 약간 자랑스러운 듯한 어조로 이렇게 말했다.

"전, 프랑스예요."

이태원에 가보면, 어쩐지 미국의 혼혈보다 프랑스의 혼혈을 한 격 위로 치는 것을 흔히 볼 수 있다. 나는 그것을 상기하며 리라에게 이렇게 말했다.

"오, 역시 프랑스였군! 어쩐지 운치가 있고 세련되어 보였어."

내가 입에 발린 칭찬을 하자 리라는 더욱 자랑스러운 듯 얼굴에 희색이 넘쳤다. 그러나 나는 짓궂게 그러한 리라에게 이번엔 이렇게 말했다.

"하지만 리라는 암내가 나잖아. 아까부터 암내와 비슷한 냄새가 나는데……."

그러자 리라는 얼굴이 빨개지며 변명도 못하고 새침해졌다. 나는 약간 후회를 하면서 위로하듯 말했다.

"하지만 나는 너무 민감한 셈이지. 더구나 그 정도의 냄새는 오히려 매력이 있어 좋아."

"정말예요?"

리라는 반색을 하며 나를 돌아보았다.

"정말이지 그럼. 한국 사람으로서 서양 여자에게 반해서 떨어지지 못하는 사람도 많잖아. 그 큰 원인은 서양 여자의 체취에 혹해서지."

나는 아무렇게나 지껄였다. 내가 한 말이 무슨 근거가 있는지 없는지는 나 자신도 몰랐다. 그러나 리라는 정말로 그 말을 믿는 것 같았다.

"정말이죠?"

"그럼그럼! 암내에 향수가 섞인 냄새란 것은 강렬한 거야. 처음에는 너무 강하기 때문에 물러나지만 익숙해지면 차차 좋아져서 나중엔 오히려 매력으로 느껴지는 거지. 말하자면……, 마치 마약에 중독된 것 같은 쾌감을 느끼고 마는 거지."

나는 있지도 않은 실례를 들어가며 그 현상을 설명했다. 나의 근거 없는 말이 내 귀에도 그럴싸하게 들렸다.

"선생님도 경험이 있으세요?"

"그럼, 있지. 아주 좋아해. 리라, 더 가까이 다가와요."

경험이 있다는 말은 거짓말이었다. 그러나 나는 리라의 어깨에 손을 얹어 살며시 끌어 안았다. 그러자 리라는 갑자기 온 몸을 나에게 기대면서 눈에 물기를 머금은 채 속삭였다.

"선생님! 오늘 밤 저와 함께 있어 주시질 않겠어요?"

나는 잠자코 고개를 끄떡이면서 리라를 이번엔 더욱 세게 끌어 안았다.

적당히 술을 마신 나는 자정이 넘어서야 리라를 데리고 카페에서 나와 곧 가까운 호텔로 갔다.

호텔 방에서 옷을 벗은 리라를 보고 나는 놀랐다.

"아아, 리라! 가슴이 굉장하군 그래? 난 상상도 못했어."

"어때요? 모양이 좋잖아요?"

"음, 좋아! 마치 커다란 도토리 같군 그래? 볼록하게 튀어 나와 끝이 뾰족하니 닿으면 아플 것만 같아."

"그렇진 않을 거예요. 저하고 같이 목욕 안하시겠어요?"

리라의 요청에 따라 나는 그녀와 같이 목욕을 했다. 리라는 아무 데도 가리지 않고 한 손에 타월을 든 나에게 이렇게 말했다.

"선생님 것좀 보여 주세요."

"싫어!"

나는 쑥쓰러워서 그렇게 말하며 리라를 무릎 위에 끌어 안았다.

"리라는 대관절 몇 살이지?"

"열 아홉이에요."

"정말야?"

"정말이에요. 선생님께선 몇 살로 보셨어요?"

"열 대여섯. 하지만 이 유방을 보면 그렇게는 볼 순 없어."

나는 그렇게 말하며 리라의 유방을 만지작거렸다.

"전 누가 유방을 만지면 아주 미칠 것만 같아요. 그리고 여기도⋯⋯."

리라는 내 손을 그녀의 목덜미로 가지고 갔다.

"그리고 겨드랑이. 하지만 제일 민감한 것은 귀예요. 네, 선생님, 저의 성감대 아셨죠? 아주 기분 좋게 해주지 않으면 싫어요."

나는 어쩐지 리라에게 이끌려 가는 것 같았다. 리라는 내 무

릎 위에 앉아 전신을 비꼬며 얼굴을 비벼 대고는 키스를 요구
했다.

이윽고 리라가 먼저 욕실을 나갔다. 나도 곧 하반신에 타월
을 감고 방으로 갔다. 리라는 몸에 향수를 뿌리고 물침대에 누
워 있었다. 리라의 검은 살결은 불빛을 받아 매혹적으로 반짝
거리고 있었고 거기에 향수 냄새가 코를 찔렀다.

나는 침대에 올라가서 리라를 끌어 안고 키스를 했다. 리라
가 말한대로 목덜미와 유방을 어루만져 주었다. 그리고 나는
겨드랑이에도 키스해 보았다. 목욕한 직후여서 그런지 그다지
심한 냄새는 아니었다. 오히려 향수 냄새만이 코를 찔러 좀 아
쉬운 느낌이었다.

나는 리라의 귀에도 키스했다. 그랬더니 쓴 맛이 났다. 문득
얼굴을 찌푸릴 정도로 썼다. 그러나 리라가 흥분했기 때문에
나는 쓴 맛을 참고 있었다. 참고 있는 동안에 갑자기 이상한 변
화가 일어났다.

쓴 맛이 갑자기 달착지근해진 것이다. 그 맛은 내 욕정에 뜨
겁게 불을 지르며 여태까지는 느끼지 못했던 그런 흥분을 느끼
게 했다.

"오오, 리라는 좋아……."

라고 나는 문득 감탄사를 발하면서 리라의 전신에 키스를 퍼부
었다. 리라는 약간의 암내가 날뿐, 다른 아무 데도 냄새는 나
지 않았다.

그날의 경험에서 나는 확실히 알았다. 혼혈녀에게서 지독한

악취가 난다는 말은 정말 근거 없는 소리였다는 것을.

청년은 유연한 두 다리와 단단한 한 다리를 갖고 있다. 노인은 단단한 두 다리와 유연한 한
다리를 가지고 있다.  ―프랑스 속담―

4015

# 나도 그래요

술집에서 실컷 놀다 귀가하는 영필이에게 아내인 영자가 바가지를 박박 긁었다.

"술집년들은 아무나 가리지 않고 수천의 사내들과 매일 그 짓을 하니 그 구멍이 홀랑홀랑하고 또 거무틱틱할 텐데, 뭐가 좋아서 혀구헌날 드나들어요!"

그 말에 영필이는 혀꼬부라진 소리로 이렇게 말한다.

"에잇, 모르는 소리 하덜마! 그 곳의 여자들은 가지 각색의 손님을 접해보기 때문에 기술이 좋단 말야."

남편 영필이의 이 말을 들은 영자가 반색을 하며 외쳤다.

"어머머, 이유가 그것이었어요! 그거면 아무 것도 아니네요. 당신에게는 말하지 않으려고 했지만 나에게도 비장의 기술이 그년들 못지 않아요."

"? ? ? ? ?"

4016
# 이런 식으로 혼을 냈다

나이 찬 종업원 순자가 훌쩍훌쩍 울고 있으므로, 식당 주인인 영필이가 그 곡절을 물었다.

"왜 울고 있느냐?"

"아이, 망측해서 얘기도 못하겠어요. 주방장 아저씨가……."

"주방장이 어쨌다는 거냐? 나를 아버지 같이 생각하고 어서 말해 보아라. 내 그놈을 단단히 혼내줄테니까."

"글쎄 주방장이 저를 다락으로 데리고 가서?"

"뭐? 다락으로 데리고 들어가? 저런 몹쓸 짓이로구나. 그래서 어찌 됐단 말이냐?"

"별안간 저를 눕히고……."

"껴안았단 말이지 이렇게?"

"아뇨, 훨씬 더 심한 짓을 했습니다."

"그럼 치마 밑에 손이라도 넣었다는 거냐? 이렇게?"

"아뇨, 훨씬 더 심한 것입니다."

"흠, 그럼 속곳 속으로 손을 이렇게 했단 말이지?"

영필이가 순자의 속곳 속에 손을 들이밀으며 물었다.

"네"

"그래서 넌 가만히 있었니?"

그러자 몸종은 별안간 영필이의 뺨따귀를 불이 번쩍 나도록 올려 붙이고,

"아니요, 이런 식으로 혼을 내 주었죠."

이브가 아담에게 금단의 열매를 준 이래로, 이성간에는 선물에 대한 오해가 있어 왔다.
　　-로버트슨-

4017

# 명의 ①

어느 부자집 딸이 이웃에 있는 젊은 의사를 짝사랑하다가 하소연할 길이 없어 마침내 상사병에 걸렸다.

그녀의 부모는 영문도 모르고 이약 저약을 써 보다가 그 의사를 불러왔다.

몸종에게서 의사가 온다는 말을 들은 그녀는 급히 일어나 앉아 머리를 빗고 얼굴을 가다듬어 엷은 화장까지 하였다.

의사와 마주한 그녀의 가슴은 터질듯이 고동을 쳤다. 의사가 맥을 짚자 부르르 떨었고, 배를 누르자 얼굴이 홍당무가 되어 땀까지 촉촉히 흘렸다. 의사는 면밀히 진찰을 하더니 팔짱을 끼고 한동안 생각에 잠겼다.

그리고 나서,

"이렇게 된 이상 하는 수 없소이다. 세밀한 진찰을 해야 하니 다른 분들은 나가 주시기 바랍니다."

하고 가족들을 나가게 한 다음 방문을 걸어잠갔다.

"자 아가씨! 아무도 없습니다. 옷을 벗으시지요."

의사가 말하자 딸은 얼굴을 붉히며 방긋 웃었다.

"잘 알아 맞히셨군요. 정말 저를 마음대로 하세요! 선생님
께 안길 수 있다니 얼마나 기쁜지 모르겠어요."

대다수의 여자는 욕망을 충족시키면서도 품위를 지키려고 한다.  —보봐르—

4018

# 별 소릴 다하네

어떤 부부가 한바탕 신나게 부부 싸움을 하던 중 남편이 마누라를 쓰레기통에다 거꾸로 처박아 버렸다.

그때, 마침 그 옆을 지나가던 한 중국인이 그 광경을 보고는 혼자 혀를 차며 중얼거렸다.

"아, 저런! 한국 사람들은 저래서 낭비가 심하단 말야. 저 정도의 여자라면 앞으로도 족히 10년은 더 써 먹을 수 있을 텐데, 저걸 그냥 버리다니……."

결코 돈 때문에 결혼하지 말라. 돈 따위는 훨씬 쉽게 빌릴 수 있다. —스코틀랜드 격언—

女子 hunting point ❸

## 쉽게 유혹당하는 여자

### 눈이 큰 여자

눈은 그 사람의 심리를 잘 나타내는 기관이다. 우리는 남과 접할때 종종 상대방 눈의 표정에 의해 이야기의 진실성이나 본심을 파악하곤 한다.

보편적으로 눈이 큰 사람은 겁이 많고 시각적인 유혹에 약하다. 특히 큰 눈 속에 눈물이 고인 것처럼 물기가 있는 여자는 선천적으로 색을 좋아한다.

### 몸을 자꾸 움직이는 여자

앉으면 가만히 있지 못하고 꿈틀꿈틀 몸을 움직이거나 안절부절 못하고 침착성이 없는 여성은 타고난 색골이다. 또 이런 유형의 여자는 돌발적인 행동을 저지르기 쉬운 성격이므로 분위기만 조성되면 쉽게 유혹된다.

### 찻잔을 자꾸 만지는 여자

차를 마시는 도중에 지나치게 찻잔을 만지는 여자가 있다. 이는 그 여자의 마음이 안정되지 않고 욕구불만에 차 있다는 표현이다. 이와 같은 여성은 마치 누가 유혹해 줄 것을 기다리고 있기나 하는 듯한 심리 상태에 있다고 할 수 있다. 또 담배를 마구 뻐끔거리는 여자의 심리도 마찬가지다.

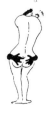

## 앉으면 바로 오른쪽 어깨를 낮추는 여자

앉은 것과 동시에 눈에 띄게 오른쪽 어깨를 낮추는 여자가 있다. 이런 여자는 정에 빠지기 쉽고 유부남과도 서슴없이 연애를 하며 스캔들을 일으키는 여자이다.

## 아랫입술이 두꺼운 여자

아랫입술이 두꺼운 여자는 음란한다. 아프리카 토인의 입술은 매우 두툼한데 곧 토인들이 정욕적임을 의미한다. 웃 입술은 애정의 지적 활동으로 보며 정욕의 절제와 관련된다. 반면에 아랫입술은 본능적이고 육욕적인 활동으로 본다.

＊아래·웃 입술이 모두 얇은 사람은 냉정해서 우정이나 연애에 몰입하지 않는다.

# 좋다가 만 이야기

4019

초행의 산길에서 밤을 만나 길을 잃은 영필이가 외딴집을 발견했다.

반가운 마음에 주인을 부르니 아름답기 그지 없는 주인 여자가 나왔다.

"길 잃은 나그네입니다. 밤이 깊었으니 하룻밤 신세를 졌으면 합니다."

"사정은 딱하시지만 실은 주인이 멀리 다니러 가서 여자인 나혼자라……."

여자는 그렇게 거절했다가 나그네의 처지가 안 되었던지,

"이 근처에 달리 집도 없고 하니 할 수 없군요?"

하고 허락 하였다.

영필이는 곧 사랑으로 안내되어 들어가 누웠다. 그러나 너무나 절색인 주인 여자 생각에 마음이 싱숭생숭 하여 잠들지 못했다. 그런데 얼마 있다가 문을 두드리는 지라 영필이는 벌떡

일어나서 문을 열었다.

"혼자 주무시기 쓸쓸하시죠?"

"네, 사실 그……, 그렇습니다."

"영필이는 어찌나 가슴이 울렁거리든지 말까지 더듬거렸다. 여자가 싱긋 웃으며 이렇게 말했다.

"그럼 잘됐군요. 길 잃은 노인이 또 한 분 왔어요?"

순결에서 과오에 빠지는 사이에는 단 한번의 키스가 있을 뿐이다.  ―아베릭스곤―

4020

# 스테미너 드링크

영자 씨는 술을 먹지 않는다는 조건으로 맞아들인 사위가 딸과 사이좋게 지내는 것을 보고 몹시 기쁘게 여기고 있었다.

그런데 어느 날, 영자 씨가 딸을 데리고 상점에 갔는데 뜻밖에도 딸은 남편을 위해 술을 사는 게 아닌가?

깜짝 놀란 영자 씨는 딸에게 따지듯 물었다.

"아니 너! 그 사람은 술 한방울도 못 마시는 사람이 아니냐?"

딸은 얼굴을 붉히며,

"지난 번 파티에서 그이는 동료들의 성화에 못이겨 소주 한 잔을 강제로 마시게 됐는데……, 그날 밤 그이가 불처럼 달아서 나를 가장 뜨겁게 사랑했거든요!"

이 말에 영자 씨는 고개를 끄덕이며,

"그으래? 그렇다면 네 아버지 몫으로 한 병 더 사라."

 잠자리에 들기전 독한 위스키 한 잔─그것은 과학적인 것은 아니지만 효과는 있다. ─플레밍─

4021
·
# 산부인과 의사

진찰이 끝나자 검진대에서 내려선 호스테스 영자가 손바닥만 한 팬티를 주워 입으면서 말했다.

"선생님은 산부인과 의사라 여자의 알몸을 보셔도 태연하시겠죠?"

"그렇습니다. 그건, 여자의 알몸을 의학의 대상으로 볼 따름이니까 흥분 될 게 없습니다."

산부인과 의사는 이렇게 말하다가 갑자기 이맛살을 찌푸린다.

"하긴 솔직이 말해서 저도 흥분하지 않는다고 장담할 수는 없겠지만, 때와 장소에 따라 그 흥분의 도가 달라진답니다."

"어머나, 역시……."

영자가 본능적으로 아랫도리를 감싸듯 움츠리자,

"이것 보십쇼."

산부인과 의사는 가슴을 헤쳐 보이며,

"이게 흥분하지 않는다고 마누라가 할퀴고 물어 뜯은 자국이
랍니다."

# 제5장

# 다리 셋,
# 입 둘 머리 둘?

좋은 결혼은 있지만 즐거운 결혼은 좀체로 없다. ―라 로슈프코―
결혼―어떠한 나침반도 일찍이 항로를 발견한 적이
없는 거친 바다.―하이네― 결혼은 겁장이들이 할 수
있는 유일한 모험.―볼테르―

5001

# 고무풍선

"영감, 당신 어젯밤 며느리의 은밀한 곳을 엿봤지요?"

"생사람 잡지마, 이 할망구야!"

"거짓말 마세요. 며늘아이가 울면서 제게 얘기 했어요. 옆에서 맨날 공치고 있는 제 마누라도 못하면서, 그 주제에 언감생심 며늘아이를 넘보다니……. 그것도 굵고 빳빳한 장작이라면 몰라도, 흐느적거리는 풍선같은 물건으로 어떻게 며늘아이 그곳에 입장할 수 있단 말이오? 앙!"

여자는 설령 마음에 들지 않는 상대자가 유혹하는 경우일지라도 귀찮아하면서 내심 기뻐한다.

5002
## 숫처녀

매사에 의심이 많은 영필이가 장가를 들게 되었다. 그런데 결혼하기에 앞서,

"아무래도 숫처녀를 얻어야 할텐데."

하고 걱정을 했으므로 곁에서 보고있던 친구 달호가 묘책을 말했다.

"이 사람아, 그게 뭐 그리 어려운가. 첫날밤에 신부에게 이러구 저러구 보여 주는거야."

"그래서?"

"아, 그걸 무언지 모르면 숫처녀 중에 숫처녀가 아닌가?"

옳다 됐구나 무릎을 치며 영필이는 첫날밤에 신부에게 그것을 만져보게 하고는 무엇이냐고 물었다.

"그것이지 뭐예요."

"에이구, 이런 병신같은 것, 숫처녀가 아니구나. 당장 나가거라."

이렇게 쫓아버리고 다음 여자, 그 다음 여자에게 물어보니, 그녀들은 한술 더 떠서 그 이름까지 똑바로 알고 있었다.

마지막으로 아주 어린 신부를 맞이 했다.

"이게 무엇이지?"

"모르겠어요?"

그 말에 영필이는 뛸듯이 기뻐하며 당당한 목소리로 말했다.

"이것이 남자에게만 열려 있는거야."

그러자 어린 신부는 실망스럽다는 표정을 감추지 않고 이렇게 말했다.

"어머 그래요? 너무나 쬐끔해서 난 미처 그것인줄을 몰랐지 뭐예요."

여자는 멋진 악기이다. 사랑은 그 활이며 남자는 그 연주자이다. ―스탄타르―

5003

# 가위나 칼 사시오

전국 각지를 돌아다니며 뱀장사를 하던 영필이가 어느 허름한 여인숙에 들었다. 마악 잠이들려는 판인데 안방에서 젊은 부부가 소곤소곤 자릿속 이야기를 끊임없이 주고 받는다. 도무지 심사가 울적해지고 귀에 걸려 잘 수가 없었다. 이리뒤척 저리뒤척하고 있자니까, 옆방의 베갯머리 이야기는 더욱 더 야리꾸리해졌다.

"아이 요거 얄미워. 가위 갖다가 잘라 가질까보다."

하는 여자의 목소리.

영필이는 못들은 체 하고 있었지만 소동이 좀처럼 그치지 않았다. 또 다시 들려오는 여자 목소리.

"아이, 요거 얄미워 칼이 있으면 잘라 가질걸."

똑 같은 얘기를 여섯 번이나 듣고 있자니까, 마침내 날이 새었다.

머리가 띵하여 일어난 영필이는 짐을 챙기는둥 마는둥하여

방에서 뛰쳐나왔다. 그냥 가버리기엔 너무도 억울해서 화김에
안방문을 탕탕 두드렸다. 얼마후 방안에선 여자의 목소리가 들
려왔다.

"누구요?"

그 말에 영필이는 지체하지 않고 이렇게 소리쳤다."

"가위나 칼 사시오."

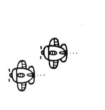

애정의 행위도 시와 마찬가지로 하나의 예술이다. —모로아—

5004

# 영필이가 오줌을 싼 까닭

수다쟁이 달호 엄마가 아파트의 옥상에서 세탁물을 널고 있었다. 이때 이웃의 영필이 엄마가 가만가만 올라왔다.

"어휴, 또 달호가 지도를 그렸군요?"

"네, 속상해 죽겠어요. 네 살이나 되는 놈이 날마다 오줌을 싸대니 말예요."

"날이면 날마다 그러니 속상하시기도 하겠네요."

"그건 그렇고, 댁의 영필이는 어때요?"

"영필이는 벌써 국민학교 2학년인데 차마 그럴 수야……."

"그건 그렇겠죠만, 어렸을 때부터 그랬었나요?"

그 말에 영필이 엄마는 좀 뽐내듯이 말했다.

"네, 신통 방통하게도 세 살 때부터 한밤중이라도 오줌이 마려우면 눈을 뜨고 혼자 누러 갔답니다."

"참 좋겠네요, 영필이 엄마는……."

이튿날 아침, 엄마가 영필이를 깨웠다.

"빨리 일어나거라, 영필아!"

그러나 영필이는 좀체로 일어나지 않았다.

이상해서 이불을 젖혀 보니, 웬걸, 요 위에 지도가 그려져 있지 않은가.

"어휴 못살아! 이놈아, 다 큰 녀석이 이불에 오줌을 싸다니 말이나 되는 소리야? 앙!"

엄마의 호통에 영필이는 고개를 수그렸다.

"큰일 났군, 큰일 났어. 국민학교 2학년이나 되는 놈이 이불에 오줌을 쌌으니……. 남들이 오줌싸개라고 놀릴 것이 틀림없어."

"하지만, 엄마가……."

영필이가 무슨 말을 하려는데 아빠가 들어왔다.

"뭐야, 이불에 오줌을 쌌잖아! 키 쓰고 단지를 돌아다니며 소금을 얻어 와."

아빠의 호통에 영필이의 눈에서는 주먹 같은 눈물이 뚝뚝 흘러내렸다.

"오줌이 마려울 때 눈이 뜨이지 않던?"

영필이가 울자 엄마가 안스러운 마음에서 그렇게 물었다.

"나는 눈을 떴었어요."

"그럼 왜 화장실로 안 간거야?"

아빠가 이렇게 쏘아붙이자 엄마가 옆에서 말을 거들었다.

"알았다. 변소에 가기가 무서웠던 거지. 어젯밤에 텔레비전에서 본 귀신 영화때문이지?"

"아냐, 아냐."

"그럼 왜 그랬어. 말해 봐."

"난, 오줌이 마려워서 밤중에 눈을 떴어요. 그런데……."

"그런데 왜?"

"씨이, 엄마하고 아빠하고 발가벗고 포개져 있었단 말예요. 그래서 방해하면 좋지 않을 것 같아서 참고 참다가 쌌단 말예요."

남자라는 족속들은 좋아하는 여자의 인기를 얻지 못하면 그 여자를 요부라고 부른다.
－드 퓨이쥬 부인－

# LA에서 온 양담배 <sup>5005</sup>

순자는 몸집이 작고 예쁘장하게 생긴 갓 스물의 귀여운 신부였다.

그러나 그녀의 남편 달호는 아내의 소행에 의혹의 눈을 빛내고 있었다.

그만큼 그녀는 귀엽다든가 사랑한다는 말을 들으면 아무에게나 기꺼이 몸을 맡길 헤픈 타이프였기 때문이었다.

어느 날 달호가 회사에서 일찍 돌아와 보니 자기는 피지도 않은 양담배 꽁초가 재떨이에 있는 게 아닌가?

그것을 본 달호는 마침내 격분하여 소리쳤다.

"이 양담배 꽁초는 대체 누가 피운 거야!"

"……."

순자는 남편 달호의 무서운 눈초리에 그만 새파랗게 질려서 바들바들 떨며 대답을 잃었다.

"어서 말해 봐! 이 담배꽁초가 어째서 여기 있지? 어디서

온 거냐 말야? 말해! 말하지 않으면 그냥 두지 않겠어!"

그러자 이때 침실에 놓인 양복장 속에서 영필이의 목소리가 조그맣게 들려왔다.

"그 양담배는 미국으로 출장갔던 친구가 선물한 것이니까, LA에서 왔다고 말해요. LA에서 왔다고……."

사랑하는 남자는 도둑과 같다. 조금만 방심하면 여자에게 잡히고 만다. ─듀크르─

5006

# 순서

종기가 왼쪽 유방에 생긴 영자가 의원에게 보였다. 그런데 의원은 종기가 난 유방은 쳐다보지도 않고, 오통통한 오른쪽 유방만 주물러대는 것이었다.

영자는 의아해서 물었다.

"의원님, 왼쪽이 아픈 곳 입니다."

그러자 의원이 천연덕스럽게 말했다.

"치료라는 것에도 순서가 있다는 것을 아가씨는 아직 모르고 있군. 우선 전염이 되지 않도록 오른쪽부터 충분히 피가 통하도록 주물러두어야 하는 것이지요."

5007

# 스님과 북소리

때는 음력 사월 초파일, 부처님이 오신 날이라 화사한 옷차림을 한 아름다운 여인들이 깊은 산속의 절을 찾아 들었다.

오늘 같은 날에는 온 절의 중들이 마음이 들뜨는 것도 무리는 아니다. 평소에는 불도를 닦기에 여념이 없고, 여색을 금한 출가의 생활인지라, 이렇게 아름다운 여인들이 한꺼번에 모여들면 춘정이 이는 것도 당연한 일이리라.

이를 염려한 큰스님이 초파일 전야에 승려 전원을 모아놓고 훈계 말씀을 하였다.

"출가한 몸은 여색을 경계하는 것이 무엇보다도 엄격한 계율이다. 그런데 우리들 중에도 매혹적인 여신도를 보면 발정기의 개처럼 안절부절 못하는 자가 있다.

알다시피 내일은 초파일이라 많은 여신도들이 우리 절을 찾을 것이다. 그 여신도들에게 못된 흑심을 품지 못하도록 각자 바지 속 앞 부분에 자그마한 북을 하나씩 달기로 하자. 만약 여

색에 마음이 움직이게 되면 반드시 북이 소리를 내게 되어
있다. 내일 북소리를 내는 자에게는 엄한 벌을 내리겠다.”

큰스님의 말씀에 따라 초파일 아침에 승려들은 모두 북을 그
곳에 달았다. 물론 큰스님도 그들과 똑같이 북을 달았다.

이러한 일을 알 까닭이 없는, 보기에도 요염하기 그지 없는
여인들이 화사한 치맛자락을 펄렁이고 향기로운 냄새를 풍기면
서 스님들 앞을 지나 다녔다.

법당 안에 가부좌를 틀고 줄을 지어 앉아 있는 스님들, 처음
에는 마음을 단단히 먹고 앉아 있었으나 매혹적인 여인들의 체
취에 몸이 근질근질 했다.

‘의(義)로는 일을 보고도 하지 않는 자는 용기가 없음이요,
매혹적인 여인을 보고도 색을 느끼지 않는 자는 사나이가 아니
로다.’

그때였다. 한구석에서 ‘둥, 둥, 둥’ 북소리가 울리기 시작
했다.

처음엔 소리가 작았으나, 이윽고 점점 커지며 여기저기서 북
이 울리기 시작했다.

“둥, 둥, 두웅~.”

“두웅 두웅 두우웅~.”

순식간에 신성한 법당 안은 북소리의 불협화음으로 요란하기
그지 없었다.

때아닌 소리에 여신도 한 사람이 큰스님께 물었다.

“이 북소리는 어디서 나는 것입니까?”

큰스님은 눈을 지그시 감으며 말 없이 얼굴을 붉혔다. 이윽고 큰스님은 좌중의 스님들을 무섭게 째려보며 말 없이 질책했다. 어서 북소리를 멈추게 하라고. 그러나 북소리는 더욱 더 높이 울리기만 했다.

모든 스님의 북이 요란스럽게 울리건만 큰스님의 북은 전연 울리지 않았다. 그것을 지켜본 스님들은 모두 감탄에 감탄을 금하지 못했다.

저녁이 되자 북적대던 여신도들도 모두 집으로 돌아가고 깊은 산사의 적막만이 감돌았다. 종일 울려대던 북소리도 잠잠해졌다.

"과연 큰스님께선 대단하셔. 종일 북소리 한번 울리지 않았어."

"여색에 초연할 수 있다는 것은 곧, 대오 대철(大悟大哲)의 경지에 이르렀다는 증거야."

"우리들은 아직도 멀었어."

뭇 스님들은 자신들의 불심이 부족함을 깊이 뉘우치면서, 큰스님 앞에 나아가 엎드렸다.

"북이 울리지 않게하는 비결을 말씀해 주십시오. 저희들도 빨리 큰스님처럼 천한 여색의 잡념으로부터 자유롭고 싶습니다."

스님들의 그 말에 큰스님은, 빙그레 웃으면서, 위엄이 서린 음색으로,

"수업(修業)의 차가 있을 뿐이로다."

하고 말하며 천천히 바지춤에 손을 넣었다. 북을 꺼내 놓으려는 것이다. 그런데 어찌된 일인지, 북이 무엇에 걸려서 나오질 않았다. 당황한 큰스님, 황급히 가사와 바지를 벗었다.

아아! 이게 웬일인가? 큰스님 자신도 깜짝 놀랐다. 이런 이변이 있단 말인가?

바지 속의 북이 울리지 않은 것도 당연한 일이었다. 큰스님의 거대한 그것이 북의 가죽을 꿰뚫고 안으로 잠입해 있었던 것이다.

 스스로의 지식을 자랑하는 남자는 현명하지 못하다. 스스로 자신의 용모를 뽐내는 여자는 정숙하지 못하다. ―중국 명언―

5008

# 지레 짐작

어느 여자대학교의 생물학 교수가 학생들에게 질문했다.

"사람 몸의 눈에 보이는 가운데서 딴딴하고 강한 부분은 어딜까요?"

잠잠~. 아무도 대답하는 학생이 없자 교수는 맨 뒷자리의 영자를 지명했다.

"자, 영자 학생이 대답해 봐요."

그러자 영자는 홍당무처럼 붉어진 얼굴을 더욱 붉히며 모기 소리로 이렇게 말했다.

"교수님께서도 가지고 계시는 부분을 말씀하시는 것이지요?"

"물론이지."

"그, 그렇다면……. 그걸 어떻게 숙녀 입으로 말할 수 있겠어요."

"영자 학생, 지금 무슨 소리를 하고 있는 거예요! 내가 질문한 것의 답은 손톱입니다, 손톱."

　화를 버럭내며 그렇게 말한 교수는 영자를 한동안 쏘아보다
가 이렇게 덧붙였다.

　"그런데 여러분, 여성은 지금의 영자 학생처럼 지레 짐작으
로 비과학적인 생각을 하니까 후에 가서 낙심을 하게 되는 것
입니다."

여성은 옷차림을 칭찬받으면 마치 피부를 애무당하는 것 같은 쾌감을 느낀다.

5009

# 자업자득

명사들만이 출입하는 어떤 목욕탕에, 어느 날 아주 잘 생긴 청년 하나가 들어 왔다.

"어서 오십시오."

주인이 허리를 굽신거리며 맞이 했다. 생긴 것도 귀공자 타이프이고 풍채도 아주 대단한 것이, 필시 어느 귀한 집 아들이겠거니 여겨지는 그런 젊은이였으므로 주인은 더할 수 없이 공손한 태도로 시중을 들었다.

한데, 옷을 벗은 것을 보니 살이 너무 쪘다.

"풍채가 아주 좋으십니다. 썩 좋습니다."

주인이 그렇게 추켜 올리자,

"아니, 오히려 거북할 정도로 살이 쪘지. 좋을 것은 하나도 없습니다."

하고 청년은 대수롭지 않게 말했다.

그런데 발가벗은 것을 보니 마땅히 있어야 할 것이 보이지

않았다. 살이 너무 쪄서, 그 살에 파묻힌 채 도토리 열매만한
것이 겨우 고개를 내밀고 있었다고 말한다면 꼭 알맞는 표현이
될 것이었다.

이에 목욕탕 주인은 비록 남의 일이긴 하지만 공연히 안타까
와서 저도 모르게 한숨을 내쉬었다.

"무슨 언짢은 일이라도 있습니까? 뭣이 그렇게 안 돼서 한
숨까지 쉬는 겁니까?"

"아니, 젊은 선생님! 저는 선생님이 딱해서 그러는 것이랍
니다. 얼굴도 미남이신 데다 풍채도 이렇게 당당하신데 어떻게
돼서 있어야 할 것이 없으십니까. 이것을 안다면 여자들이 모
두 다른 남자한테로 돌아서고 말 것 아닙니까. 여자들이란 즐
거움 없는 밤을 싫어하기 마련이니까요."

"정말 그럽니까?"

"선생님은 여자를 품어 본 일이 있습니까?"

"그야 물론 없다고는 못합니다. 그런데 아저씨가 그런 말을
하니까 내몸의 잊었던 기억이 되살아나는 듯싶습니다."

"무슨 말씀입니까?"

"무슨 말은 무슨 말이겠습니까. 내 수표를 한 장 줄 테니, 가
서 어디 예쁜 계집을 하나 데려다 주시겠습니까?"

"……"

"왜, 안 될 것 같습니까? 그러니까 시험을 해 보겠단 말입
니다. 자, 이 수표를 받으십시오."

"그렇다면 할 수 없습죠, 잠깐만 기다리십시오."

목욕탕 주인은 마지못한 듯이 수표를 받아 쥐고,

'녀석, 결코 그따위 보잘 것 없는 것으로 되는 일이란 아무 것도 없을 거야. 그래도 여자를 사겠다고……. '

이렇게 생각하고 자기 아내한테로 달려갔다.

"여보, 이 수표를 좀 봐. 이것 마음에 드나, 지금 독탕에 들어가 있는 부잣집 아들인 듯싶은 젊은 청년이 주었지. 이 젊은 이는 얼굴이 달덩이처럼 훤하게 잘생기고 풍채도 아주 좋은데, 애석하게도 물건이란 것이 아주 안타까울 만큼 적고 보잘 것 없어서 흡사 도토리 알맹이만큼 밖에 안 된단 말이야. 그래서 내가 남의 일이긴 하지만 퍽도 딱하다고 그랬더니 이 수표를 한 장을 주면서 여자를 하나 데려다 달라는 것이었지. 실험을 해 보겠단다. 어때, 당신이야말로 이 수표를 차지하기에 아무 런 부족함도 없을 만큼 예쁜 여자가 아니냔 말이야. 잠깐만 상대를 해주면 될 게야. 밖에서 내가 지키고 있으니까 아무 일도 없을 테지."

그래서 그녀는 남편에게서 수표를 받아 쥐고는 화장을 하고 화려한 옷으로 갈아 입고 청년이 있는 독탕으로 들어갔다.

한데 그녀는 청년의 모습을 보고 단번에 마음이 끌려 버리고 말았다. 생전에 이런 미남자를 만나 보기란 처음이었다.

그리고 젊은이 역시 그녀의 매력적인 모습에 그만 넋을 빼앗기고 말았다.

"오, 아름다운 여인이여 ! "

하면서 청년은 문을 잠그고 여자를 끌어 안기가 무섭게 침상에

벌렁 나자빠졌다.

그러자 마치 도토리 알맹이만큼 밖에 안 되어 보이던 청년의 물건이 순식간에 부풀어올라 당나귀의 그것처럼 늠름하게 천정 쪽으로 뻗치는 것이었다.

"어머나!"

"놀랄 것은 없어. 신의 섭리가 아닌가"

하고 청년은 발가벗은 여인의 알몸을 물어 뜯듯 끌어 안았다.

"아아……."

여자는 가느다란 한숨을 내쉰 것까지는 좋았는데, 조금 시간이 지나자 그만 흐느끼며 몸부림을 치기 시작했다. 그리고 언제까지나 그렇게 울부짖고 있는 것이었다.

독탕 문앞에 대기하고 있던 주인은 아무래도 심상치 않은 느낌이 들어 참다 못해 소리를 지르고 말았다.

"여보, 어떻게 된 일이야. 이젠 나와야 할 것 아니야. 아기한테 젖 줄 시간이 되었어."

안에서 이 소리를 듣고 청년은,

"이만하면 잘 시험해 봤어. 그럼 어서 가서 아기한테 젖을 먹이고 다시 오는 것이 어때?"

하고 몸을 일으키려 하자 여자는,

"아니, 여기서 그대로 당신과 떨어지면 나는 죽고 못 살아요."

하고 일어나려는 청년의 허리를 꽉 끌어안았다.

"아기가 울면 어떡하지?"

"아기 같은 것은 상관 없어요. 울다가 죽기라도 하라죠 뭐."

여자는 이런 소리를 서슴 없이 내뱉으며 좀처럼 떨어지려 하지를 않았다.

"그렇다면 나는 더욱 좋지."

남자도 이렇게 말하면서 다시 여자 위에 엎드렸다. 이렇게 해서 그들은 내리 열 번이나 쾌감의 극치를 맛보았다.

그러는 동안에도 주인은 독탕의 문짝에 매달린 채로,

"여보, 여보……이젠 나오란 말야!"

하고 고함을 치고 엉엉 울고 있었다. 그리고 자기 아내가 딴 사나이 품에 안겨 숨을 헐떡거리고 자지러질 듯이 비명을 지르곤 하는 것을 듣고는 분노와 질투에 거의 정신이 돌아서,

"죽어버릴 테다!"

하고 소리치더니, 마침내 목욕탕 굴뚝을 타고 올라가 뒤도 돌아보지 않고 아래로 몸을 던져 버렸다.

남편의 골통이 바스라져 죽은 것도 모르고 그 아내는 여전히 청년을 끌어안은 채 허릿살을 비꼬며 숨을 헐떡이고 있었다.

〈아라비안 나이트〉

정절이 없는 아내는 한 집을 망친다. ─라틴 속담─

<sup>5010</sup>
# 커다랗게 만든 다음

태평양 한복판에서 기관 고장을 일으킨 화물선이 망망한 바다 위를 표류한지 이미 2주일. 그 동안 배에 싣고 있던 식량이 완전히 바닥이 나서 모두 기아에 허덕이고 있었다.

"이렇게 된 이상 하는 수 없다. 이미 죽음을 눈 앞에 둔 우리에게 무엇이 아까울 게 있겠는가? 우선 몸에 붙은 쓸모 없는 부분부터 잘라 먹기로 하자."

선원은 의논 끝에 바지 앞자락을 열고 칼을 들이댔다.

그러자 이때 한 사람이 재빨리 그를 막고 말했다.

"잠깐! 어차피 잘라서 먹을 바에야 좀 커다랗게 만든 다음 먹는 게 더 분량이 많을 게 아닌가?"

미녀들은 정복되기를 기다린다. —웨벨—

<sup>5011</sup>
# 어떤 통화

영필이는 아내가 부인병을 수술하고 입원중인 산부인과 병원에 전화를 걸었다.

"여보세요! 원장 선생님이세요? 201호실 환자의 경과는 어떻습니까?"

마침 이때 공교롭게도 그 전화가 자동차 수리공장과 혼선이 되어버렸다.

"여보세요! 전화가 좀 멀은 것 같군요! 들리십니까? 상태가 어떻습니까? 좀 좋아졌나요?"

"네 많이 좋아졌습니다."

자동차 수리공장에서는 고객과의 통화중이었으므로 즉시 이렇게 대답했다.

"아, 대단히 고맙습니다."

영필이는 아내의 상태가 좋아졌다는 줄 알고 전화통에 대고 꾸벅 절을 했다.

그러자 저쪽에서 흘러나온 말이 희한했다.

"그러나 저러나 기계를 굉장히 험하게 쓰셨더군요."

"네? 네……, 아이구 부끄럽습니다."

"뿐만 아니라 선생의 피스톤은 암만해도 너무 헐어 빠진 것 같으니까 신품과 바꿔야겠습니다. 오늘 아침 내가 조금 굵은 것을 집어 넣었더니 몹시 상태가 좋아졌어요. 그러나 다시 시험하기 위하여 오늘밤 쯤 타보고 여러 모로 조종해 볼 작정입니다. 안심하고 기다리십시오."

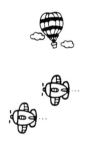

사랑은 홍역과 같다. 나이가 들어 걸릴수록 중증이 된다. —제롤드—

女子 hunting point ❹

## 이런 여자는 남자를 망친다

▼
남성들이여 ! 아랫입술이 웃입술보다 더 튀어나온 여자를 경계하라. 그녀가 아무리 사랑스럽고 귀엽다 하더라도……

이런 여자는 과부상이다. 역설적으로 말한다면 남자를 먼저 죽게한다는 것이다. 관상학상으로 아랫입술은 여자를 가리키고 웃입술은 남자를 가리키는 것이므로 여자의 운이 남자의 운을 필연적으로 누르게 되어 있다.

한일 자로 된 눈썹, 눈썹이 너무 긴 여자도 아내감으로는 적당하지 못하다. 이런 타입은 늘 남편을 무시하는 경향이 짙다.

인중이 깨끗하지 않은 여자는 자식을 돌보는 것이 무척 서툴고, 눈 옆 부근에 상처가 있는 여자는 자식운이 없고 부부간의 사이도 나쁘다.

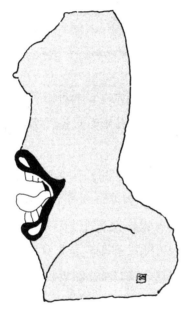

5012
## 스님과 말

어느 시골 마을에 입에 풀칠하기도 어려운 아주 가난한 집이 있었다. 그런 집에 먼 곳의 친척이 선물로 암말 한 필을 보냈다.

가난으로 찌들대로 찌들은 주인은 이 고마운 선물을 받고도 근심이었다. 식구들 입에도 거미줄 치게 생긴 처지인데, 말에게 먹일 것이 있을 턱이 없는 연유에서였다.

주인은 여러 모로 생각하고 궁리한 끝에 당분간 이웃 절간에 그 말을 맡기기로 생각했다. 그 제안을 받은 스님도 쌍수로 환영했다.

스님이 말을 돌보기 시작한 지도 여러 날이 지났다. 그러던 어느 비오는 날, 스님은 말의 시뻘겋게 드러난 그것을 보고 묘한 충동에 사로잡혔다.

'출가한 내가 짐승에게 더러운 욕심을 갖다니……. 부끄럽고 부끄럽도다.'

스님은 스스로를 그렇게 질책했지만, 마침내는 음심을 이기지 못하고 말과 음사를 행하고 말았다. 그런데 상상 외로 짜릿한 재미가 있었다.

한번 재미를 붙인 스님은 그 후 틈만 있으면 그 짓을 했다. '중이 고기 맛을 알면 절간의 빈대가 안 남는다'는 말이 있듯, 그 스님이 꼭 그 꼴이었다.

세상사가 그렇듯, 비밀이 더 빨리 전파되고 숨기고 싶은 부끄러움은 더 빨리 드러나는 법이다. 스님이 그 짓을 하는 것을 우연히 보게 된 사미승 아이, 처음에는 스님을 추하고 불결하다 경멸하였으나 한편으로는 솟구치는 호기심을 억누를 길 없었다.

그러던 어느 날 스님이 멀리 출타했다. 그 틈을 타서 사미승은 스님이 하던 것처럼 행사를 시도했다. 땀을 뻘뻘 흘리며 몇 번이나 시도했지만 기술이 부족한 탓인지 성사되지 않았다.

"에잇, 이놈의 더러운 말!"

사미승은 치미는 화를 이기지 못하여 쇠붙이에 불을 달구어 말의 음문을 지져 버렸다. 말은 미친 듯이 껑충껑충 뛰며 구슬피 울어댔다.

아무 것도 모르는 스님, 외출에서 돌아오자마자 즉시 말에게 달려가 그 짓을 하려했다. 말은 한 번 호되게 혼이난지라 껑충 뛰면서 스님의 허리를 차버렸다. 벌렁 나자빠진 스님, 영문을 모른 채 그래도 웃으며,

"요년이 내가 그 동안 잠시 밖에 다녀왔다고 질투를 하는구

나 그래!"

하고 일어서서 다시 접근했다. 그러자 이번에는 더욱 높이 뛰면서 스님의 어깨뼈를 후려찼다.

'요년이 갑자기 왜 이리 사나워졌지.'

스님은 아픔을 참느라 이를 악물고 일어서 말의 그곳을 자세히 살피다가 깜짝 놀랐다. 말의 음문이 불에 데어 차마 눈뜨고는 볼 수 없을 만큼 참혹했던 것이다.

"이 노릇을 어떡하면 좋으냐. 남의 말을 이 지경으로 만들어 놓았으니……, 사람들은 내가 말과 행한 부끄러운 짓도 곧 알아채고 말겠구나."

겁이 더럭 난 스님은 어떻게 수습해 보려고 머리를 짰으나 속수 무책이었다.

"에라 할 수 없다. 좀 비겁하긴 하지만 주인집 나무에 몰래 매어놓고 돌아와 버리자. 그리고 나중에 물어 보면 전혀 모른다고 시치미를 떼자."

스님은 그렇게 중얼거린 후 말을 끌고 주인집에 가서 조심조심 나무에 매어 놓았다. 그리고 막 돌아서는 순간 그집 큰아들과 눈이 마주치고 말았다. 아들은 곧 큰소리로,

"아버지, 지금 스님께서 말을 가지고 오셨습니다."

이 소리를 들은 주인이 급히 뛰어나왔다.

"아니 스님, 스님께서 어떻게 여길 다 들르셨습니까? 잠깐 안으로 들어가시지요. 곧 음식을 준비하겠습니다."

'이크, 기어이 일이 탄로나고 말았구나.'

　얼굴이 사색이 된 스님은 벌벌 떨면서 손을 휘휘 저었다. 그
러자 주인은 더욱 몸둘 바를 몰라하면서,
　"스님, 아무리 제가 가난한 사람이지만 스님 대접할 밥 한
술 없겠습니까? 어서 들어오십시오."
라며 손을 끌었다. 더욱 기가 죽은 스님은 뒷걸음질로 앙버티
며, 더듬더듬 이렇게 말했다.
　"다, 당신네 마, 말의 음문은 본시부터 번들번들합디다."

이 세상에서 술과 여자는 적이다. 제발 적을 만나고 싶다. ―촉산인―

5013
# 움직이는 그림

바람둥이 아내를 가진 질투심 많은 영필이가 장사차 며칠 동안 집을 비우게 되었다.

영필이는 자기가 없는 동안에 혹시 아내가 부정한 행동을 하지 않을까 염려하던 끝에 한 가지 묘안을 생각해 냈다.

곧 아내의 은근한 곳에 드러누워 있는 황소의 그림을 그려 놓았다. 그리고는 안심하고 집을 떠났다.

그는 며칠 동안에 볼일을 다 끝마치고 돌아와 아내의 그곳을 살펴보았다.

그런데 이게 웬일인가? 드러누워 있던 소가 벌떡 서 있지 않은가?

실은 샛서방이 잠깐 실수하여 일을 치른 후에 서 있는 소를 그려 놓았던 것이다.

영필이는 노발 대발하며 큰소리로 외쳤다.

"나는 누워 있는 소를 그려 놓았는데 이 소는 어째서 서 있는 거야?  앙!"

　영필이가 서슬이 시퍼렇게 추궁을 하자 아내는 코먹은 소리
로 이렇게 대답했다.

　"그 언저리에 풀밭이 있으니까 소가 풀을 뜯어 먹으려고 일
어섰겠죠 뭐!"

　"……?!˝

　그대의 눈동자를 쳐다볼 때면 괴로움도 근심도 모두 사라지네. 그대와 더불어 입맞출 때면
내 마음 다시 생기를 얻네.  ─하이네─

5014

# 증명

아내가 이웃 사내에게 몸을 맡긴 것을 알아낸 남편이, 불같이 성났던 것이 다소 가라앉자 이렇게 말했다.

"아뭏든 어리석은 일이야. 더군다나 많고많은 사내 중에서, 하필이면 그따위 놈에게 몸을 맡길 것은 뭔가 말이야. 언젠가 그 작자가 '네 마누라는 입이 크니까 그곳도 따라서 클 거야' 하고 당신을 모욕했던 걸 잊었나?"

"잊긴 왜 잊어요. 그렇기 때문에 내가 그 작자에게 그 생각이 틀렸다는 것을 깨우쳐 주려고 했을 뿐인걸요."

여성은 진지한 남자보다 유쾌한 남자에게 많이 끌린다. ─폰트넬─

# 5015
# 다리 셋, 입 둘 머리 둘?

영필이는 동료 사원들과 망년회를 즐겼다. 시간 가는 줄도 모르고 열심히 흥청거리다보니 벌써 새벽 1시가 넘었다. 취한 정신에도 영필이는 문득 걱정이 앞섰다.

집에는 여우 같은 마누라가 자기 오기만을 기다리며 이를 박박 갈고 있을 생각을 하니 더 이상 술마시며 놀 수가 없었다.

그래서 슬그머니 자리를 빠져나와 택시를 잡으려고 거리로 나왔다. 거리에는 온통 사람들로 인산 인해를 이루며 택시잡기가 여간 힘든게 아니었다.

그래 하는 수 없이 새치기로 합승을 하기로 마음 먹고 있는데 그 순간, 미모의 아가씨가 빈차를 잡았다. 영필이는 기회는 바로 지금이다라고 생각하고 아가씨를 밀쳐내고 의기 양양하게 택시를 탔다.

그러자 아가씨가 어이 없다는 듯 이렇게 말했다.

"히야! 역시 다리가 세 개라 빠르긴 빠르구나."

그 소리를 들은 영필이는 이렇게 응수했다.

"처녀가 입이 두 개라 입이 싸구나."

이렇게 공방전을 하는 동안에 택시는 영필이만을 태우고 출발을 하는데 아가씨는 분한 듯 택시를 따라오며 소리쳤다.

"야 이놈아! 머리가 둘이라 똑똑하긴 정말 똑똑하구나!"

남자는 여자를 단 하루 사귀어도 만족하지만 여자는 남자를 한달 사귀지 못하면 만족하지 못한다.

5016

# 헐렁한 수영복

해운대 해수욕장에서 한바탕 시원하게 헤엄을 친 영자와 순자가 해변가 백사장을 걸어가고 있었다.

"순자야, 저 사내들의 눈빛을 좀 보라구."

"눈빛이 어째서?"

"저놈들은 지금 모두 나를 보는 거야. 내가 헐렁헐렁한 수영복을 입고 온 작전이 대성공을 거두었나봐."

그러자 이때 영자를 본 순자가 크게 놀라며 외쳤다.

"아니, 영자야!"

"왜 그래!"

"어머, 너는 그 헐렁한 수영복이 바다 속에서 벗겨져 알몸이야, 알몸!"

5017

# 숫처녀 ①

숫처녀를 사겠다는 돈 많은 부자가 있었다.

마담 영자가 호스테스 순자와 짜고 그 부자의 돈을 우려내려 했다.

"네가 그 영감님의 첩으로 들어가라."

그 말을 듣자 순자는 깜짝 놀랐다.

"언니도 참, 제가 어떤 여자라는 걸 뻔히 아시면서……. 저는 숫처녀와는 거리가 멀어요."

"그건 나도 알아. 하지만 조금만 손질을 하면 감쪽 같이 속일 수 있어?"

"어떻게 속이죠?"

"실로 꿰매서 조이면 돼. 좀 아프긴 하지만 큰 돈이 생기는 일이니까 눈 딱 감고 참아 보렴."

순자는 아픔을 참고 그곳을 꿰맸다.

그리고는 그 이튿날 부자 영감을 찾아갔다. 순자와 그 영감이 정을 가진 뒤 영자가 물어 보았다.

"어때요? 진짜 숫처녀 틀림없죠."

"음, 꿰맨 후는 아직 아무도 거쳐가지 않았더군. 실이 그대로 남아 있었어."

여자와 소인은 다루기 힘들다. 가까이 하면 불손해지고 멀리하면 원한을 품는다.  ―공자―

5018

# 암컷만 보면

여자라면 밥보다 더 좋아하는 영필이가 아내 영자와 함께 애완용 개 전시회에 나타났다.

판매도 겸하고 있는 이 전시장에는 수십 마리의 개가 각기 자태를 자랑하고 있었다.

"야아! 이렇게 가득히 있는 중에서는 어떤 게 암컷이고 뭐가 수컷인지 알 수가 있나?"

영필이가 이렇게 말하자 그것을 들은 점원이 다가와서 친절히 가르쳐 주려고 했다. 그러자 그의 아내 영자가 황급히 나서며 그것을 가로막았다.

"안돼요! 가르쳐 주지 마세요. 이이는 암컷이기만 하면 침을 흘리고 곧 달려 드니까요……."

성교는 애정이 절정에 이른 최고의 도이다.

5019

# 조수(助手)

버스 안에서 아름다운 여선생이 어떤 승객의 질문을 받았다.

"아이가 몇 명이나 있습니까?"

여선생은 학생수를 묻는 것으로 알고,

"서른 일곱명이에요."

라고 대답했다.

그 말을 들은 옆의 다른 사람들은 믿을 수 없다는 얼굴을 하고 크게 웃었다. 그러자 그 여선생은 그렇게 많은 학생을 가르칠 수 없을 것이라고 비웃는 줄 알고, 다음과 같이 말했다.

"사람 무시하지 마세요. 조수까지 채용하고 있으니까."

부끄러움이 없는 여자는 인간 중에 가장 못난 것이다. ―아써―

5020

# 여자야 여자야

영자는 남자 친구 영필이와 해수욕을 갔다. 그들은 청춘을 한껏 즐기며 물속에서 서로 재미있게 시간을 보냈다.

헤엄에 지친 그들은 손을 맞잡고 모래사장으로 올라와 모래 위에 나란히 누웠다.

그들은 서로 아무 말도 하지 않고 한동안 푸른 바다를 바라보며 각기 생각에 잠겨 있었다.

한참 후 영자가 먼저 말했다.

"영필 씨, 자기는 지금 무슨 생각을 했어?"

그러자 영필이가 은근한 목소리로 대답했다.

"아마, 자기와 같은 생각을 했을거야."

이 말에 영자는 눈쌀을 찌푸리며 소리쳤다.

"어머나! 망측해."

여자란 무엇인가? 자연의 멋진 실책에 불과하다. —쿠우리—

5021
# 젊다는 증거

어느 중년 사나이가 만원 된 지하철 안에서 젊은 아가씨에게 자리를 양보받았다.

그러나 더욱 붐비기 시작한 사람들에게 밀린 그 아가씨가 꼼짝 없이 그의 두 다리 사이로 꽉 밀착되어 들어왔다.

지하철이 덜컹덜컹 흔들릴 때마다 아가씨의 탄력 있는 몸은 중년 사나이의 두 다리 속에서 자꾸 마찰하게 되었다.

"으음⋯⋯."

그럴 때마다 중년 사나이의 입에서는 기묘한 신음이 낮게 터졌다.

마침내 견딜 수 없게 된 중년 사나이는 자리에서 벌떡 일어나며 그 아가씨에게 말했다.

"아가씨 감사합니다. 다시 여기 앉으시죠!"

"아니, 왜그러시죠?"

"예, 아무래도 나는 자리를 양보받을만큼 늙지는 않았나 봅니다."

 "？？！！"

남자의 첫사랑을 만족시키는 것은 여자의 마지막 사랑뿐이다.  —발자크—

5022

# 숫처녀②

결혼 축하연이 한창 벌어지고 있을 때 신부 친구들과 어울리고 있던 신부는 신랑이 그의 친구들 하고 내기를 하는 소리를 들었다.

"그녀는 반드시 숫처녀야, 5 : 1로 내기를 하자구!"

그 소리를 들은 새 신부는 점잖게 웃었다. 그러나 신혼 여행 길에 오른 차속에서 둘이 있게 되자 그녀는 무섭게 소리쳤다.

"당신, 무슨 짓을 하는 거예요? 결혼한지 한 시간 밖에 안 되었는데 그렇게 돈을 마구 잃어 버리다니!"

5023

# 천만 다행

침대에서 내린 두 사람은 아직도 벌거벗은 채로 소파에 앉
았다.

"아이 더워!"

"덥군! 이열 치열이란 말처럼 이럴 때 따끈한 홍차라도 마
시면 오히려 거뜬할 텐데……."

"그럼 내가 끓여오죠!"

여자는 벗은 채로 뜨거운 홍차를 끓여 왔다.

그러나 허리에 힘이 빠진 후로 다리가 삐끗하는 바람에 홍차
를 사나이의 외다리에 엎지르고 말았다.

"으악!"

벌거벗고 있었으니 두말할 필요도 없이 홀랑 데고 말았다.

여자는 당황하여 곧 화상약을 바르고 붕대를 감으며 이렇게
말했다.

"그래도 덴 게 당신이라 다행이네요. 만일 나였다면 붕대도

감을 수도 없고 큰일 날뻔했죠?"

만족이 없는 여자는 사치를 요구한다.  —모로아—

5024

# 극장표의 용도

"자기! 우리 오늘 밤엔 정말 신나는 시간을 갖자구."

애인인 영자의 집을 찾아온 영필이가 수선을 떨며 말했다.

"내가 극장표 석 장을 가져 왔지."

"석 장? 왜 석 장이 필요해요?"

영자가 궁금하다는 표정으로 묻자 영필이가 영화표를 흔들며 의기 양양하게 대답했다.

"아, 이것! 바로 자기의 부모님과 동생꺼야."

여자는 항상 주저하고 또 변화하는 것이다.  —헤르테르—

# 5025
# 위험한 환자

병원의 휴게실에서 간호원인 영자와 순자가 무엇을 속삭이고 있었다.

"저 201호실 독방 환자는 위험하니까 특히 주의해야 돼."

영자가 말하자 순자는 영문을 모르겠다는 표정으로 이렇게 말했다.

"뭐라고? 열도 내리고 원기도 회복되었으니까 머지않아 퇴원해도 괜찮다고 선생님이 말씀하셨는데……."

"그러니까 위험하단 말야!"

여자와 치한은 극단으로 달아난다.  ─포드─

# 5026
# 아래로 처지면 안 된다

나이 삼십에 상처를 한 영필이가 십여 년이 넘는 홀아비 생활 끝에 아리따운 숫처녀를 취하여 장가를 들게 되었다.

잃어버린 젊음을 되찾은 듯한 기분에서 첫날밤을 맞이하였는데, 막상 몸이 말을 듣지 않는다. 신부를 뒤따라 신방으로 들어가려고 문턱까지 오니 슬프게도 모처럼 타오르던 욕망이 어느새 사그라지고 만다. 영필이는 부끄러워 모기만한 소리로 새 아내에게 말했다.

"여보게 조금만 기다려 주게. 곧 뒤따라 들어갈테니까."

비단금침이 황홀하게 깔린 신방에서 신부는 혼자 가슴을 두근거리며 기다리고 있자니까 두 번이나 방문 앞까지 왔다가 되돌가 가버리는 남편의 발자국 소리가 들리더니, 갑자기 방문이 열리며 영필이가 시뻘겋게 달아오른 화젓가락을 앞에다 겨누고서 알몸으로 나타났다.

그리고 필사적인 목소리로 중얼거렸다.

"아래로 처지면 안 된다. 아래로 처지면 안 된다."

나쁜 추억은 미친 여자처럼 미친 짓을 하도록 만드는 것이다. ─오말레이─

5027

# 명의 ②

환자—난 잠을 통 못자요.

의사—그럼 예쁜 간호원을 보내 드리겠습니다. 그녀에게 15
분마다 한번씩 키스하십시오.

환자—그럼 잠이 오나요?

의사—아니죠, 깨어 있는 게 즐거워지죠.

# 신사는 Y담을 좋아하고
# 숙녀는 X담을 사랑한다

2009년  11월  20일  인쇄
2009년  11월  25일  발행
2010년   3월  20일  재판발행
2015년   5월  20일  3판발행

편저자 | 이 정 빈
펴낸이 | 김 용 성
펴낸곳 | 지성문화사
등  록 | 제5-14호(1976.10.21)
주  소 | 서울 동대문구 신설동 117-8 예일빌딩
전  화 | 02)2236-0654 , 2233-5554
팩  스 | 02)2236-0655 , 2236-2953

정 가 12,000원